LE GRAND MEAULNES

Texte adapté par Émilie Choiseul et Lise Pascal

Rédaction : Domitille Hatuel
Conception graphique : Nadia Maestri
Mise en page : Veronica Paganin
Illustrations : Ivan Canu
Recherches iconographiques : Laura Lagomarsino

© 2003 Cideb Editrice, Genova

Tous droits réservés. Toute représentation ou reproduction intégrale ou partielle de la présente publication ne peut se faire sans le consentement de l'éditeur.

L'éditeur reste à la disposition des ayants droit pour les éventuelles omissions ou inexactitudes indépendantes de sa volonté.

Tous les sites Internet signalés ont été vérifiés à la date de publication de ce livre. L'éditeur ne peut être considéré responsable d'éventuels changements intervenus successivement.
Nous conseillons vivement aux enseignants de vérifier à nouveau les sites avant de les utiliser en classe.

Vous trouverez sur les sites www.cideb.it et www.blackcat-cideb.com (espace étudiants et enseignants) les liens et adresses Internet utiles pour compléter les dossiers et les projets abordés dans le livre.

Pour toute suggestion ou information la rédaction
peut être contactée à l'adresse suivante :
redaction@cideb.it
www.cideb.it

CISQ CERT
TEXTBOOKS AND
TEACHING MATERIALS
The quality of the publisher's design, production and sales processes has been certified to the standard of
UNI EN ISO 9001

ISBN 88-530-0096-1 livre
ISBN 88-530-0097-X livre + CD

Imprimé en Italie par Litoprint, Genova

SOMMAIRE

Alain-Fournier 5

Chapitre 1

LE PENSIONNAIRE 7
ACTIVITÉS 12
Il était une fois... l'école de la République 19

Chapitre 2

LE GILET DE SOIE 23
ACTIVITÉS 28

Chapitre 3

UNE FÊTE ÉTRANGE 35
ACTIVITÉS 41
La Sologne 48

Chapitre 4

LA RENCONTRE 55
ACTIVITÉS 60

Chapitre 5

LE BOHÉMIEN 66
ACTIVITÉS 71

Chapitre 6

LE DÉPART DE MEAULNES 78
ACTIVITÉS 82

Chapitre 7

LES RETROUVAILLES 89
ACTIVITÉS 93
Projet Internet 99

Chapitre 8

L'APPEL DE FRANTZ 100
ACTIVITÉS 105
TEST FINAL 111

Le texte est intégralement enregistré.
Ce symbole indique les exercices d'écoute et le numéro de la piste.

DELF Les exercices qui présentent cette mention préparent aux compétences requises pour l'examen.

Alain-Fournier

Henri Alban Fournier naît en 1886 dans un petit village de Sologne, La Chapelle-d'Angillon. Il passe son enfance dans une commune voisine, à Épineuil-le-Fleuriel, où ses parents sont instituteurs. La famille Fournier habite dans la mairie-école du village.

Ses études primaires terminées, le jeune Henri Alban cherche sa voie. Il commence ses études secondaires à Paris mais il les interrompt pour préparer à Brest le concours d'entrée à l'école navale. Puis il renonce à ce projet et revient dans sa région natale, à Bourges. C'est là, à l'ombre d'une des plus belles cathédrales de France, qu'il termine ses études secondaires.

Désirant devenir professeur de Lettres, il s'inscrit au lycée Lakanal de Sceaux, près de Paris, où il fréquente les classes préparatoires. Il y rencontre Jacques Rivière qui deviendra son meilleur ami et qui épousera sa sœur Isabelle. Les deux jeunes gens ont la même passion pour la littérature. Ils entretiennent une abondante correspondance qui sera publiée après leur mort.

En 1905, il rencontre une jeune fille avec qui il a une unique conversation sur les quais de la Seine. C'est à ce moment-là qu'il commence à écrire *Le Grand Meaulnes*. Il ne reverra cette jeune fille qu'une fois en 1913, désormais mariée et mère de deux enfants. C'est après la deuxième rencontre, huit ans plus tard, qu'il termine et publie le roman. Cette jeune fille est à l'origine du personnage de Yvonne de Galais.

Mais la guerre éclate. Le 2 août 1914, c'est la mobilisation générale et Alain-Fournier doit partir. Le 22 septembre, il est tué aux Éparges, en Lorraine, quelques jours avant son vingt-huitième anniversaire. Il est l'une des premières victimes de « la Grande Guerre ».

Compréhension écrite

1 Après avoir lu la présentation d'Alain-Fournier, dites si les affirmations sont vraies (V) ou fausses (F).

	V	F
1. Alain-Fournier est né à Épineuil-le-Fleuriel.	☐	☑
2. Il désire étudier à l'école navale.	☑	☐
3. Jacques Rivière est son meilleur ami.	☑	☐
4. En 1913, il rencontre une jeune fille qu'il ne reverra jamais.	☐	☐
5. *Le Grand Meaulnes* naît de la rencontre d'Alain-Fournier avec cette jeune fille.	☐	☐
6. Alain-Fournier meurt durant la Première Guerre mondiale.	☐	☐

Chapitre 1

LE PENSIONNAIRE

Il est arrivé chez nous un dimanche de novembre 189...

À cette époque-là, nous habitons dans l'école communale de Sainte-Agathe. C'est une longue maison rouge avec une cour immense qui donne sur le village par un grand portail. Mon père, M. Seurel, dirige le cours supérieur et le cours moyen ; ma mère, Millie, fait la petite classe. J'ai 15 ans à l'époque et je suis un adolescent différent des autres, plus fragile : je boite [1] à cause d'une maladie à la hanche.

Nos dimanches se passent toujours ainsi : mon père va

---

1. **boiter** : claudiquer.

LE GRAND MEAULNES

pêcher, ma mère coud [1] et moi, quand je rentre à la fin de la journée, j'attends, en lisant, que Millie me montre sa nouvelle robe.

Ce dimanche-là, quand j'arrive à la maison, je vois aussitôt qu'il se passe quelque chose d'insolite : une femme aux cheveux gris se trouve dans la salle à manger. Elle a l'air inquiète : « Mais où est-il ? demande-t-elle en regardant autour d'elle. Il a dû faire le tour de la maison. » C'est Madame Meaulnes. Elle habite avec son fils Augustin, à la Ferté-d'Angillon, elle est veuve et riche, et elle a décidé de mettre Augustin en pension pour lui faire suivre le Cours Supérieur. Elle nous parle de lui d'un ton mystérieux qui nous intrigue.

« C'est toi Augustin ? » dit-elle soudain en entendant un bruit derrière elle.

Un grand garçon de dix-sept ans environ apparaît. Il porte un chapeau de paysan et une blouse [2] noire.

« Tu viens dans la cour ? me dit-il. Tiens, regarde ce que j'ai trouvé dans ton grenier [3], on va les allumer ! ».

Il me montre des feux d'artifice.

J'ai toujours été un enfant timide et solitaire, mais à partir de ce jour-là, ma vie change. Celle des autres élèves aussi : à la fin des cours ils restent désormais tous en classe, et autour de Meaulnes s'organisent alors d'interminables discussions. Plus tard, nous allons dans le village et nous nous attardons

1. **coudre** : confectionner un vêtement.
2. **blouse** : vêtement porté sur les habits pour les protéger.
3. **grenier** : partie d'une maison située sous le toit.

8

LE PENSIONNAIRE

dans les boutiques des artisans. Je commence à participer moi aussi à ces sorties avec un mélange de plaisir et d'anxiété. C'est à cette époque-là, environ huit jours avant Noël, que toute l'histoire commence.

C'est une journée pluvieuse. M. Seurel, je l'appelle comme ça pendant les cours, marche de long en large dans la classe ; tout à coup il demande qui m'accompagnera à la gare de Vierzon. Une dizaine de voix répondent : « Le Grand Meaulnes ! » D'autres : « Jasmin Delouche » D'autres encore : « Moi, moi ! » « Allons ! Ce sera Mouchebœuf. » dit mon père. Je suis déçu, Meaulnes aussi.

Le jour suivant, en classe, on sent déjà l'atmosphère des vacances : pendant que M. Seurel écrit des problèmes au tableau, les élèves parlent à voix basse. La place de Meaulnes est vide, il n'est pas rentré après la récréation...
Je regarde par la vitre : dehors, rien ne bouge. M. Seurel ne s'est pas aperçu de l'absence d'Augustin. Je me tourne de nouveau vers la fenêtre quand j'aperçois Meaulnes. À côté d'une voiture à chevaux, des gens s'animent. Tout à coup

LE GRAND MEAULNES

Meaulnes se dresse sur le siège et fait claquer le fouet [1] ; il lance sa bête à fond de train [2] et disparaît en un instant de l'autre côté de la montée. Alors, du fond de la classe trois élèves crient : « Monsieur, le Grand Meaulnes est parti ! »

À ce même moment, un homme en blouse bleue entre dans la classe : « Excusez-moi Monsieur, c'est vous qui avez autorisé Augustin Meaulnes à aller chercher vos parents ? »

« Mais pas du tout ! » répond M. Seurel. Puis après quelques instants « François, tu iras quand même à la gare, Meaulnes ne connaît pas le chemin, il se perdra. » dit mon père fort contrarié.

1. **fouet** :
2. **à fond de train** : à toute vitesse, très rapidement.

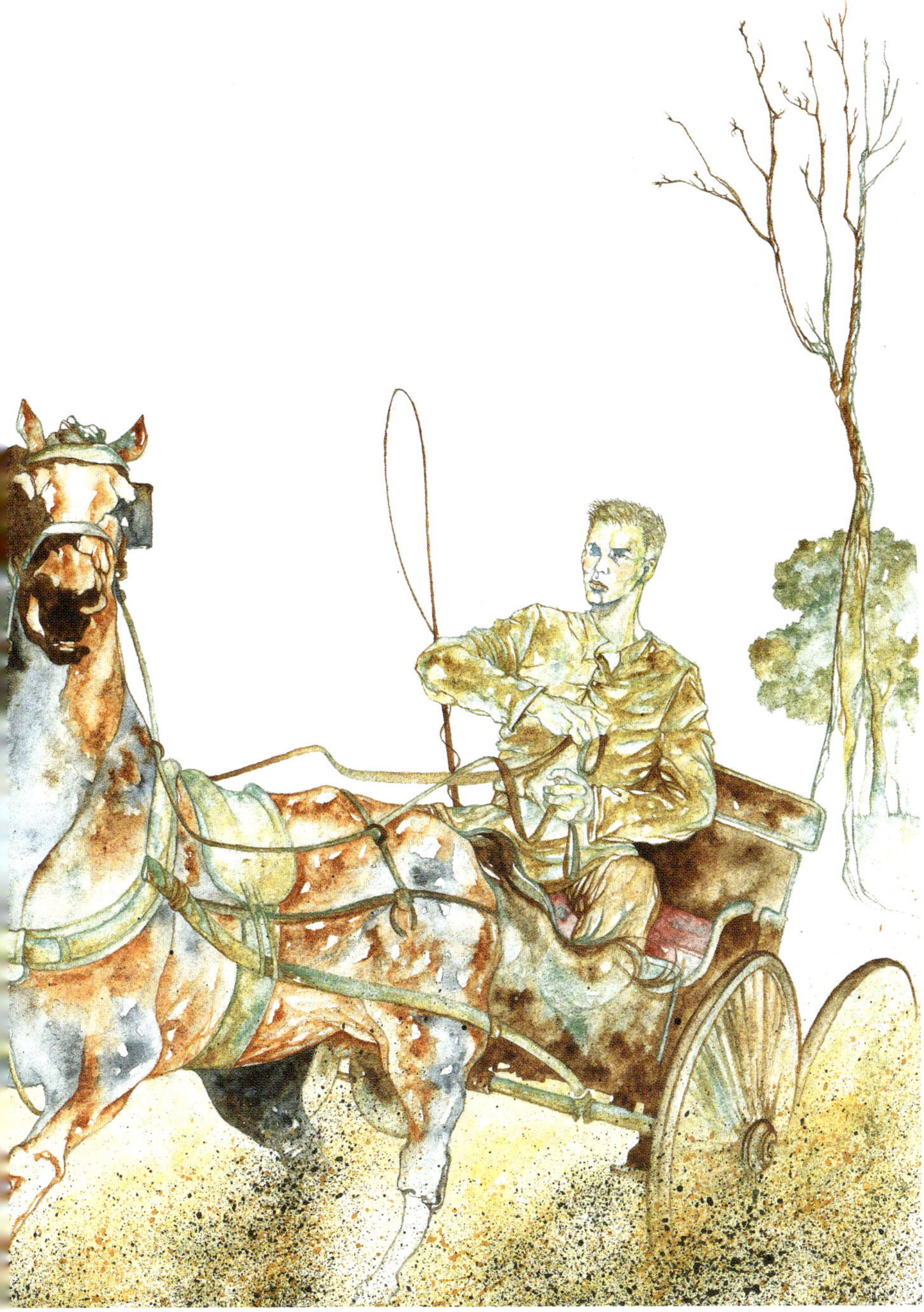

ACTIVITÉS

Compréhension orale et écrite

DELF 1 Écoutez ce premier chapitre puis répondez aux questions.

1. Où se déroule cette histoire ?
   ....
2. Quelle est la profession des parents du narrateur ?
   ....
3. Qui est Augustin et comment est-il physiquement ?
   ....
4. Pourquoi François Seurel doit-il aller à la gare ?
   ....
5. Pourquoi Meaulnes est-il déçu ?
   ....
6. Que fait Augustin Meaulnes le jour suivant ?
   ....

DELF 2 Les personnages de l'histoire. Selon vous, qu'est-ce qui les caractérise ?

1. M. Seurel est
   - [ ] insouciant.
   - [ ] sévère.
   - [ ] méchant.

2. Mme Seurel est
   - [ ] distraite.
   - [ ] coquette.
   - [ ] douce.

3. Augustin Meaulnes est
   - [ ] aventureux.
   - [ ] plein d'initiatives.
   - [ ] dangereux.

4. François Seurel, le jeune narrateur, est
   - [ ] timide.
   - [ ] réservé.
   - [ ] fragile.

3 Les lieux de l'histoire. Retrouvez les différents lieux cités dans ce premier chapitre.

ACTIVITÉS

L'instit

4 Écoutez la présentation de ce téléfilm et entourez les mots qui sont enregistrés.

*Téléfilm français.
Sur fond de décors savoyards, un récit dramatique
centré sur le problème de la pauvreté.*

1. ville – villa – village
2. cours – classe – place
3. instituteur – instit – maître
4. enfants – élèves – écoliers
5. père – mère – parents
6. Maria – Marie – Marion
7. enfant – fils – fille
8. cours – matière – leçons
9. repas – déjeuner – dîner

DELF 5 Le Grand Meaulnes est parti seul sur des chemins qu'il ne connaît pas. Quel est le sentiment des personnes qui l'attendent ?

la colère   l'inquiétude   la réprobation
l'admiration   la résignation   la déception

Mouchebœuf
C'est moi qui devais aller à la gare, avec François ! À cause de Meaulnes, je n'y suis pas allé, je suis resté en classe…
Ce n'est pas juste ! ………………

ACTIVITÉS

François
Augustin n'aurait pas dû désobéir. Il n'a pas réfléchi aux conséquences, il a eu tort. Après tout, s'il lui arrive quelque chose, c'est mon père qui sera considéré responsable. ....

Millie Seurel
J'espère qu'il va retrouver son chemin ! Seul, en plein hiver, dans une région qu'il ne connaît pas ! Pourvu qu'il ne lui arrive rien ! ....

Delouche
Meaulnes, c'est un vrai chef ! Il n'a peur de rien : ni des punitions, ni de partir seul la nuit. ....

Mme Meaulnes
Que voulez-vous ! Depuis la mort de son père, Augustin se sent adulte, c'est lui l'homme de la maison. Il n'accepte plus qu'on lui donne des ordres, il faut le laisser faire. ....

M. Seurel
C'est absolument inadmissible qu'un élève désobéisse à son maître ! Je suis hors de moi ! ....

Grammaire

Les pronoms démonstratifs

Les pronoms démonstratifs remplacent des noms précédés d'un adjectif démonstratif ; ils présentent plusieurs formes.

- Les formes simples : *celui, celle, ceux, celles.*
    *Ma vie a changé, **celle** des autres élèves aussi.*
    Ces formes simples sont toujours suivies :
    – d'une préposition : ***celui de** François*
    – d'un pronom relatif : ***celui qui** vient... **ceux que** j'emporte*

ACTIVITÉS

- Les formes composées se construisent avec les adverbes -*ci* ou -*là* rattachés par un trait d'union : *celui-ci, celui-là, celle-ci, celle-là, ceux-ci, ceux-là, celles-ci, celles-là.*
  Elles servent à distinguer deux personnes ou deux choses ; -*ci* peut marquer la proximité, -*là* l'éloignement.

  Celui-ci *me plaît moins que* **celui-là**.

- Les formes neutres n'ont pas de pluriel ; elles représentent une idée, une chose... : *ce, ceci, cela, ça.*
  – On emploie *ceci* si l'on doit énoncer quelque chose, *cela* si on reprend quelque chose qui a déjà été énoncé :

  Écoute **ceci** *: tu dois rentrer avant cinq heures.*
  Cela *dit, sois ponctuel.*

  – *Ça* est une forme familière de la langue parlée :

  Ne fais pas **ça** *!*

  – *Ce* s'élide devant le verbe être au singulier et forme le présentatif :

  C'est *l'histoire du Grand Meaulnes.*

  – *Ce* est utilisé devant un pronom relatif :

  Ce qui *me plaît...* **ce que** *tu regardes...* **ce dont** *il parle.*

1 Complétez les phrases avec des pronoms démonstratifs simples.

Exemple :   *C'est .... qu'Augustin prendra. (voiture)*
            C'est ***celle*** *qu'Augustin prendra.*

1. C'est .... des élèves de la petite classe. *(maîtresse)*
2. Ce sont .... de mes amis. *(professeurs)*
3. Ce sont .... de François. *(grands-parents)*
4. Ce sont .... des élèves turbulents. *(punitions)*
5. C'est .... d'Augustin. *(mère)*
6. C'est .... de la gare. *(chemin)*
7. C'est .... de l'homme qui entre. *(blouse bleue)*
8. Ce sont .... qui crient. *(trois élèves)*

ACTIVITÉS

2 Faut-il ou non ajouter *-ci* ou *-là* ? Complétez les phrases si nécessaire.

1. Notre école, c'est celle……… qui se trouve à côté de la mairie.
2. Celle……… a un grand toit rouge.
3. C'est celle……… que nous voyons sur la droite.
4. Ma mère me montre sa nouvelle robe, celle……… du dimanche.
5. Elle habite avec son fils, celui……… qui s'amuse dans la cour.
6. C'est celui……… qui porte un chapeau de paysan et une blouse noire.
7. Regarde ces feux d'artifice, pas ceux……… , ceux……… , ce sont ceux……… que j'ai trouvés dans ton grenier.
8. M. Seurel regarde Mouchebœuf, celui……… qui ira chercher mes grands-parents à la gare.

3 *Ce* ou *ça* ? Complétez les phrases (n'oubliez pas de faire l'élision quand c'est nécessaire).

1. ……… est une longue maison rouge.
2. ……… est M. Seurel, le père de François.
3. Allumer des feux d'artifice, Augustin aime beaucoup ……… .
4. L'arrivée de Meaulnes, ……… a changé ma vie.
5. M. Seurel, c'est comme ……… que j'appelle mon père pendant les cours.
6. Aller chercher les grands-parents de François, c'est ……… qu'Augustin veut faire.
7. « Monsieur, le Grand Meaulnes est parti » voilà ……… que crient les élèves.
8. ……… qui préoccupe M. Seurel, ……… est qu'Augustin ne connaît pas le chemin pour aller à la gare.

A C T I V I T É S

Enrichissez votre vocabulaire

1 Parmi tous ces objets, soulignez en bleu ceux qui appartiennent au passé, en vert ceux d'aujourd'hui.

plumier   trousse   encrier   stylo

craie   banc   boulier   ordinateur

calculette   blouse   sac à dos

tableau noir   cartable   porte-plume

Production écrite

DELF **1** Vous devez aller interviewer des personnes très âgées, dans une maison de retraite, pour savoir comment était l'école primaire autrefois. Préparez les questions que vous allez leur poser. Les questions devront porter sur les points suivants.

– L'école (les bâtiments, les salles de classe).
– Le trajet pour aller à l'école.
– Le déroulement d'une journée à l'école.
– Les rapports maître-élèves.

DELF **2** Augustin est à Sainte-Agathe depuis maintenant une semaine. Il écrit à son meilleur ami de la Ferté-d'Angillon, d'où il vient : il lui raconte son arrivée dans sa nouvelle école, ses impressions.

ACTIVITÉS

Détente

1 Complétez ces mots croisés à l'aide des dessins.

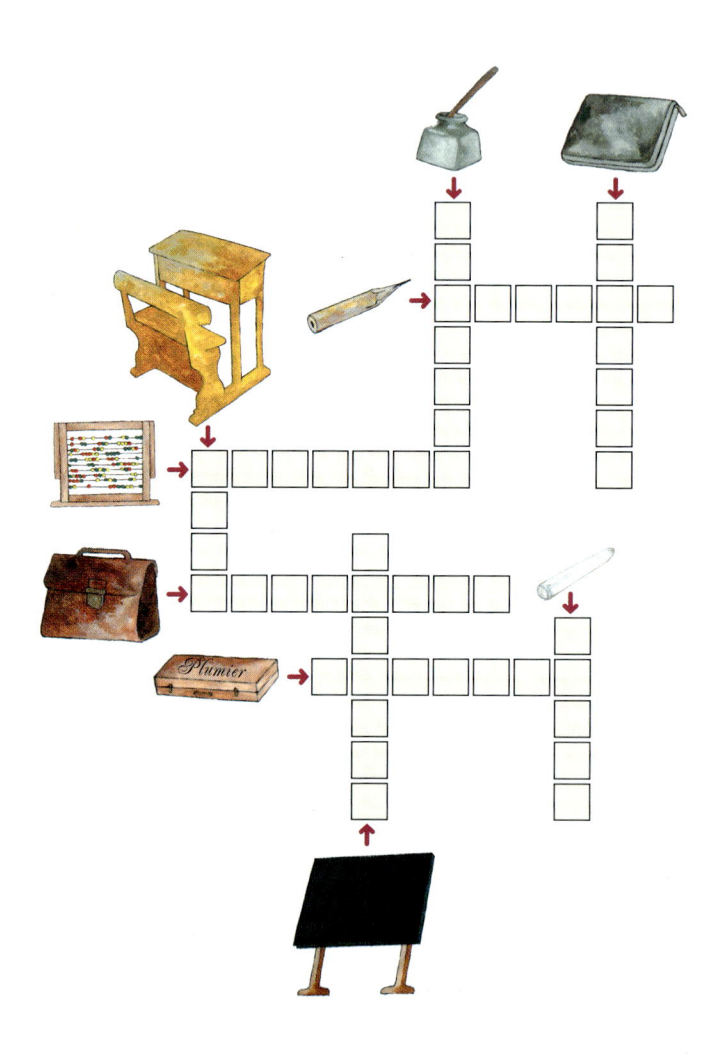

Il était une fois...
l'école de la République

1870 : C'est la fin de la guerre franco-prusse. Après la défaite de Sedan, l'Empereur Napoléon III capitule. La République est proclamée. C'est un tournant capital dans l'histoire de France : la Troisième République succède au Second Empire. C'est la plus longue de l'histoire : de 1873 à 1940, des hommes vont imposer des principes qui aujourd'hui encore sont à la base de notre société.

Jules Ferry (1832-1893) veut consacrer toute son intelligence, toute son énergie, à « l'éducation du peuple », car il ne peut y avoir d'égalité des droits, sans égalité de l'instruction. Ministre de l'Instruction publique en 1879 et en 1882, Président du Conseil en 1880, c'est lui qui jette les bases de la nouvelle école primaire. Il impose trois principes fondamentaux : l'école doit être gratuite, obligatoire et laïque.

La caricature accentue les caractéristiques physiques ou morales d'un personnage. Observez le portrait de Jules Ferry et sa caricature. Dans la caricature, comment sont la tête et le corps ? Pourquoi ?

Que tient Jules Ferry ?

Que représentent ces objets ?

Gratuite : la question de la gratuité est facilement réglée par une loi en juin 1881. En fait, 60% des élèves bénéficient déjà d'un enseignement gratuit.

Obligatoire : en 20 ans, l'école primaire devient obligatoire pour tous les enfants de 6 à 13 ans, garçons et filles, dans les villes et les campagnes. Bien sûr, dans les zones rurales, il faut combattre l'absentéisme : tous les enfants vont à l'école en hiver, mais quand la belle saison arrive, ils doivent aider leur famille aux travaux des champs... Mais déjà au début du XXème siècle, toutes les familles ont réalisé que l'instruction peut préparer un avenir meilleur à leurs enfants.

Laïque : laïque, cela veut dire indépendante de l'Église. C'est une conséquence logique de l'obligation : si l'école veut accueillir tous les enfants, elle doit respecter toutes les croyances, et les religions ne doivent pas entrer à l'école publique. Désormais, les maîtres et les maîtresses seront tous des laïques : un prêtre ou une religieuse ne pourront plus enseigner à l'école publique.

C'est une véritable révolution : en effet, jusque-là, l'Église a eu un rôle important dans l'éducation des petits Français. Souvent, dans les villages, c'est le curé qui s'occupait de l'instruction des enfants ; et si un enfant était plus doué que les autres, il le préparait à entrer au séminaire pour devenir prêtre. L'Église, naturellement, s'oppose à la laïcité et met en garde les familles contre une école qui rejette ainsi la religion.

En fait, à la place de l'enseignement religieux, Jules Ferry institue l'enseignement de la morale : tous les matins, les enfants trouvent sur le tableau noir une maxime morale que le maître leur explique. Grâce à l'enseignement de la morale, Jules Ferry veut former des citoyens responsables et respectueux des autres.

La Communale

Pour réaliser le programme ambitieux de Jules Ferry, il faut construire des écoles... Et toutes les nouvelles écoles communales se ressemblent : elles sont construites sur le même modèle.

La grande cour est plantée d'arbres, de platanes ou de châtaigniers ; les enfants y jouent pendant la récréation.

Le préau est un espace couvert dans la cour de l'école. Ici, les enfants se mettent en rang avant de rentrer dans les classes, ils y jouent pendant les récréations les jours de pluie.

Les salles de classe sont grandes et les fenêtres donnent sur la cour. Il y a le bureau du maître, le tableau noir, et en face, bien alignés, les bancs des enfants. En bois, le banc et la table de l'écolier ne font qu'un. Au coin de la table, ou au milieu, il y a un trou qui contient un encrier en céramique blanche. Les classes ne sont pas mixtes : même si la cour est commune, il y a d'un côté l'école des filles, de l'autre l'école des garçons.

Une salle de classe vers 1900.

L'appartement du directeur et les chambres des maîtres se trouvent à côté des salles de classe, ou au-dessus, au premier étage. Bien souvent, l'institutrice est l'épouse de l'instituteur. Dans les villages, comme dans *Le Grand Meaulnes*, l'homme s'occupe de la classe des grands, et sa femme de la classe des petits. Souvent, l'école est construite à côté de la mairie, peut-être pour dire que la démocratie ne peut exister qu'avec l'instruction.

Compréhension écrite

1 **Répondez aux questions.**

1. Jusqu'à quel âge l'école est-elle obligatoire au début du XXème siècle ?
   ....
2. Pourquoi est-ce que beaucoup d'enfants sont absentéistes dans les campagnes ?
   ....
3. Qui s'occupait de l'éducation des enfants dans les campagnes avant ces réformes ?
   ....
4. Quel enseignement est introduit pour former des citoyens responsables ?
   ....
5. Qu'est-ce que le préau ?
   ....
6. À côté de quel édifice est souvent construite l'école communale ?
   ....

Chapitre 2

LE GILET DE SOIE

De retour de la gare, mes grands-parents, confortablement installés devant la cheminée, bavardent avec mes parents. Je m'aperçois bientôt que je ne les écoute pas. Je surveille la porte dans l'espoir de voir apparaître Meaulnes. J'imagine qu'une voiture va s'arrêter et qu'il va entrer par cette porte... mais rien. Personne ne l'a vu à la gare de Vierzon. Un homme a raconté qu'il a trouvé une voiture abandonnée au bord de la route, mais du conducteur, aucune trace.

Le soir, j'entends mes parents discuter à voix basse, ils sont en colère. Quatre longs jours s'écoulent dans cette attente glacée. Il fait froid, les étangs [1] sont gelés ; le matin, dans la

---

1. **étang** : petit lac, petite étendue d'eau.

LE GRAND MEAULNES

cour, les élèves se réunissent en groupes, ils attendent qu'on allume le poêle [1] de la classe. Alors que le cours a commencé depuis une heure déjà, un bruit nous fait lever la tête : Meaulnes est derrière la porte, il secoue le givre [2] de sa blouse.

M. Seurel descend de l'estrade [3], Meaulnes marche vers lui.

« Je suis rentré, Monsieur »

« Je le vois bien. Allez vous asseoir à votre place » répond mon père.

La classe reprend mais au bout d'un moment Augustin se lève : « Je voudrais aller me coucher, Monsieur, voilà trois nuits que je ne dors pas.»

« Allez-y ! » dit M. Seurel.

Au déjeuner, on ne questionne pas le fugitif.

L'après-midi, Augustin s'enferme dans la classe pour consulter un atlas. Les autres élèves, poussés par Jasmin Delouche, le rival de Meaulnes, forcent la porte. Augustin, agacé [4] par leur attitude, leur crie de le laisser en paix. Jasmin crie à son tour : « Parce que tu es resté trois jours dehors, tu crois que tu vas être le maître maintenant ? » Les deux garçons commencent à se battre mais la porte s'ouvre laissant apparaître

1. **poêle** : appareil de chauffage à bois ou à charbon.
2. **givre** : couche blanche produite par le gel.
3. **estrade** : plancher en bois, surélevé.
4. **agacé** : énervé, irrité.

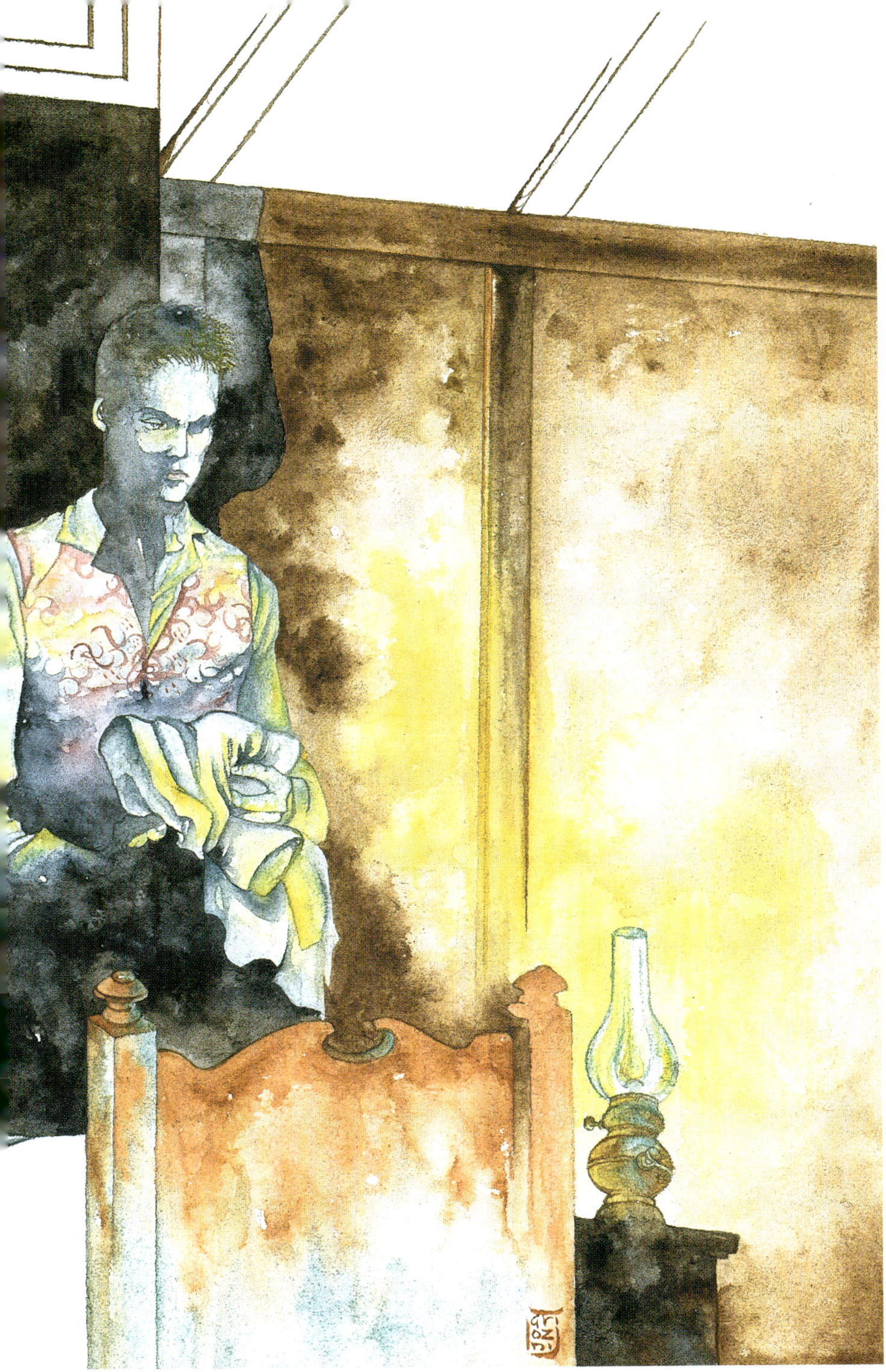

LE GRAND MEAULNES

M. Seurel : la bataille s'arrête aussitôt.

Le soir, dans notre chambre, Augustin se déshabille lentement, tout en marchant. Il retire sa blouse puis son paletot [1]. Je remarque alors qu'il porte un étrange gilet de soie. Je lui demande : « Où l'as-tu pris ? » Sans me répondre il remet sa blouse par-dessus le gilet et, toujours silencieux, il s'étend sur son lit.

Au milieu de la nuit, je me réveille brusquement ; la chambre est très sombre mais j'entrevois Augustin debout au milieu de la pièce. Je lui crie :

« Meaulnes ! Tu repars ! Je viens avec toi.

– Je ne peux pas t'emmener, François. Je ne connais pas le chemin, je dois d'abord le retrouver, et je suis en train de préparer un plan...

– Mais alors, tu ne peux pas partir toi non plus !

– C'est vrai ! Tu as raison, dit-il avec découragement, mais ce plan, je le compléterai et je te promets de t'emmener avec moi. Rendors-toi ! »

Deux ou trois fois, en janvier, je me réveille en pleine nuit et je vois Meaulnes debout, prêt à partir, sa pèlerine [2] sur le dos... mais chaque fois il hésite et revient sur ses pas.

Enfin, une nuit, il commence à tout me raconter :

« Tu te souviens du jour où je suis parti chercher tes grands-parents à la gare ? ... Il est une heure et demie de l'après-midi, je suis sur la route de Vierzon et ma jument va

---

1. **paletot** : veste courte.
2. **pèlerine** : manteau ample, sans manches.

26

LE GILET DE SOIE

bon train [1]. Il fait froid, je m'enroule dans la couverture et, bercé [2] par le mouvement de la carriole, je m'assoupis un moment… Quand je me réveille, le paysage a changé. La jument boite. Elle a un caillou [3] dans un sabot. Il commence à faire nuit. Je vois alors une maison isolée tout au bout d'un pré. Elle est habitée par un couple de paysans. Je leur raconte mon aventure. Ils insistent pour que je passe la nuit chez eux. Quand je sors pour mettre la jument dans l'écurie [4] je m'aperçois qu'elle a disparu. Je me mets à courir pour la retrouver. Pendant des heures, je suis des sentiers, je traverse des champs… Découragé et à bout de forces, j'arrive près d'une bergerie [5] abandonnée, j'y pénètre et je m'endors sur la paille humide. »

Meaulnes ferme les yeux et se tait. Je n'insiste pas. Mais le soir suivant il reprend son récit. C'est ainsi que j'apprends toute l'histoire de cet étrange voyage…

1. **va bon train** : va vite.
2. **bercé** : balancé doucement.
3. **caillou** : petite pierre.
4. **écurie** : endroit où on met les chevaux.
5. **bergerie** : endroit où on met les moutons.

A C T I V I T É S

Compréhension orale

DELF 1 Écoutez attentivement ce chapitre et dites si les affirmations suivantes sont vraies ou fausses.

	V	F
1. Lorsque François revient de la gare avec ses grands-parents, il n'arrive pas à écouter ce qu'ils disent.	☐	☐
2. François sait où se trouve Augustin Meaulnes.	☐	☐
3. Quand Augustin retourne en classe, M. Seurel, très en colère, lui donne une punition.	☐	☐
4. Les rapports entre Augustin et les autres élèves deviennent très difficiles.	☐	☐
5. Quand Augustin se déshabille, François remarque qu'il porte un étrange gilet de soie.	☐	☐
6. Après son retour, Augustin est tranquille.	☐	☐
7. Finalement, Augustin raconte à François son étrange aventure.	☐	☐

2 Lisez les portraits suivants et dites de qui il s'agit.

1. Il n'aime pas la routine, il préfère les voyages et les aventures. Intelligent, doté d'imagination, il veut vivre ses expériences jusqu'au bout. Rien ne le retient ni l'autorité ni le sens du devoir qu'il possède malgré les apparences.

   ....

2. Il est jaloux, violent. Il aime avoir un ascendant sur ses camarades et refuse que quelqu'un prenne sa place, dans ce cas il devient violent et méchant.

   ....

3. Il est timide, il a l'impression que les autres sont toujours plus intelligents que lui. Il préfère regarder la vie des autres plutôt que de vivre la sienne. Il ne sait pas prendre de décisions, il est encore influençable.

   ....

ACTIVITÉS

4. Il est bien entendu autoritaire car il occupe un poste où il est important de savoir se faire respecter. Pourtant, malgré son aspect plutôt sévère, il sait comprendre et ne punit pas sans raison.
   ....

Vierzon

3 Écoutez et dites si les affirmations suivantes sont vraies ou fausses.

		V	F
1.	Nous sommes dans la région aux quatre cent dix-huit châteaux.	☐	☐
2.	Les châteaux de la Loire sont situés à l'est de Vierzon.	☐	☐
3.	Les châteaux de la Loire sont tous différents les uns des autres.	☐	☐
4.	C'est au sud que se trouve le Berry.	☐	☐
5.	Bourges possède un splendide château gothique.	☐	☐
6.	Vierzon est au nord de la Sologne.	☐	☐
7.	La Sologne est connue pour ses très belles forêts.	☐	☐
8.	C'est aussi *Le Grand Meaulnes*, roman d'Alain-Fournier, qui a contribué à rendre célèbre cette région.	☐	☐

Vierzon est situé au confluent de l'Yèvre et du Cher.

ACTIVITÉS

Grammaire

La forme négative

La forme négative se forme avec deux termes de négation : *ne* qui précède le verbe et s'apostrophe devant une voyelle ou un h muet et un autre terme de négation qui peut être : *pas, jamais, rien, personne, plus, aucun,* etc. et qui se place derrière la forme verbale conjuguée.

>Il **ne** connaît **pas** le chemin.   Il **n'**écoute **pas**.
>Il **ne** voit **personne**. Il **n'a plus** la force de marcher.

- À l'oral *ne* est de moins en moins employé.
  >*Je peux pas le faire !*

- Quand *rien, personne, aucun, jamais, nul,* etc. sont devant le verbe, ils sont toujours suivis de *ne*.
  >**Rien ne** bouge. **Personne n'**arrive. **Aucune** voiture **ne** s'arrête.

- Au passé composé la place des deux termes de négation est la suivante :
  >ne + auxiliaire + *pas* (*rien, plus, jamais*...) + participe passé.
  >Le paysage **n'a pas** changé.

  >ATTENTION : *personne* complément se place derrière le participe passé.
  >Il **n'**a vu **personne**.

1 Retrouvez toutes les formes négatives de ce deuxième chapitre.

2 Mettez au passé composé les phrases suivantes.

1. Je n'écoute pas mes grands-parents.
   ....

ACTIVITÉS

2. On ne retrouve plus sa voiture.
....

3. Il ne dit rien.
....

4. Il ne sourit pas.
....

5. Il ne dort pas depuis trois nuits.
....

6. Il ne part pas cette nuit.
....

7. Il ne voit rien dans le noir.
....

8. Il ne rencontre personne.
....

3 Dites le contraire.

1. J'écoute tout.
....

2. Tout le monde l'a vu à la gare.
....

3. On a retrouvé quelques traces d'Augustin.
....

4. Quelqu'un a averti M. Seurel de l'arrivée d'Augustin.
....

5. Tout le monde interroge Augustin sur son aventure.
....

6. Augustin a quelque chose à dire à François.
....

7. Tout a changé depuis cette aventure.
....

8. Il a rencontré quelqu'un sur sa route.
....

ACTIVITÉS

Production écrite

DELF 1 M. Seurel doit informer Mme Meaulnes de la désobéissance de son fils. Il lui écrit une lettre où il lui raconte ce qu'Augustin a fait.

Chère Madame,

....
....
....
....
....
....

Veuillez croire, chère Madame, à l'assurance de mes meilleurs sentiments.

M. Seurel

Compréhension écrite

DELF 1 Lisez ces textes sur les pères Noël, puis dites si les affirmations qui suivent sont vraies au fausses.

Les pères Noël européens

Si Noël et le nouvel an se célèbrent dans l'ensemble de l'Europe, il existe d'autres fêtes qui connaissent le même succès en fin d'année : ainsi, les petits Européens reçoivent des cadeaux qui ne viennent pas forcément du père Noël.

Saint-Nicolas, l'ancêtre du père Noël

Patron des enfants, Saint-Nicolas, célébré le 6 décembre, est encore fêté comme l'ancêtre du père Noël dans certains pays du nord de l'Europe. Toute l'année, il tient à jour le livre des bonnes et des mauvaises actions des enfants et vient récompenser les plus méritants. En Belgique, il arrive sur son âne, chargé de jouets. Près de la cheminée, les enfants déposent un navet et une carotte pour nourrir son fidèle compagnon. Outre les jouets, les enfants belges reçoivent des gâteaux en massepain représentant Saint-Nicolas. Dans le nord de l'Allemagne, Saint-Nicolas se déplace sur une luge.

Befana, la sorcière de l'épiphanie

En Italie, la sorcière Befana est fêtée au moment de l'Épiphanie. C'est une vieille femme, habillée de noir, qui voyage sur un balai, avec un grand sac. Il contient du chocolat, des jouets et des bonbons pour les enfants sages, et du charbon pour les autres.

Saint-Basile, pour les enfants grecs

Les enfants grecs attendent le 2 janvier, jour de la Saint-Basile, pour recevoir leurs cadeaux. Basile était un homme pauvre qui demandait l'aumône. La légende raconte qu'un jour où l'on se moquait de lui, son bâton a fleuri. La veille de sa fête, les familles se réunissent pour chanter, rire et jouer. Il apporte ses cadeaux pendant la nuit.

Pour approfondir vos connaissances et répondre aux questions, lancez une recherche sur Internet sur les pères Noël en Europe.

ACTIVITÉS

		V	F
1.	Saint-Nicolas arrive avec un renne, comme le père Noël.	☐	☐
2.	La Befana est une tradition uniquement italienne.	☐	☐
3.	Saint-Basile vient distribuer ses cadeaux aux enfants en plein jour.	☐	☐
4.	Saint-Basile était un mendiant.	☐	☐
5.	Le jour de la Sainte-Lucie, en Suède, marque aussi la fin des nuits d'hiver.	☐	☐
6.	En Espagne, ce sont les Rois mages qui apportent les cadeaux aux enfants.	☐	☐

2 Voici une liste de jours qui sont fériés en France : associez chaque date à l'événement célébré ce jour-là.

25 décembre — fête des Rois

6 janvier — Armistice de la Première Guerre mondiale

1er mai — Toussaint

14 juillet — Noël

11 novembre — Jour de l'an

8 mai — Fête du travail

1er novembre — Prise de la Bastille (fête nationale)

1er janvier — Victoire de la 2ème Guerre mondiale

Chapitre 3

UNE FÊTE ÉTRANGE

Au petit jour Meaulnes se remet à marcher ; il se trouve dans l'endroit le plus désolé de la Sologne. La solitude est parfaite et le froid glacial. Soudain, comme dans un rêve, il aperçoit des enfants en habit de fête. Deux fillettes bavardent :

« Si la glace fond [1], demain matin, nous irons en bateau.

– On nous donnera la permission ?

– C'est notre fête !

– Et si Frantz arrive avec sa fiancée ?

– Eh bien, il fera ce qu'on voudra ! »

« C'est peut-être une noce, se dit Augustin, mais comme c'est étrange, ce sont les enfants qui commandent ! »

---

1. **fond** : se transforme en eau.

LE GRAND MEAULNES

Il voudrait sortir de sa cachette [1] mais il ne veut pas faire peur aux enfants. D'autres fillettes apparaissent, elles portent de très jolis chapeaux noués sous le menton et des robes droites qui s'arrêtent aux genoux.

1. **cachette** : endroit où Meaulnes se met pour ne pas être vu.

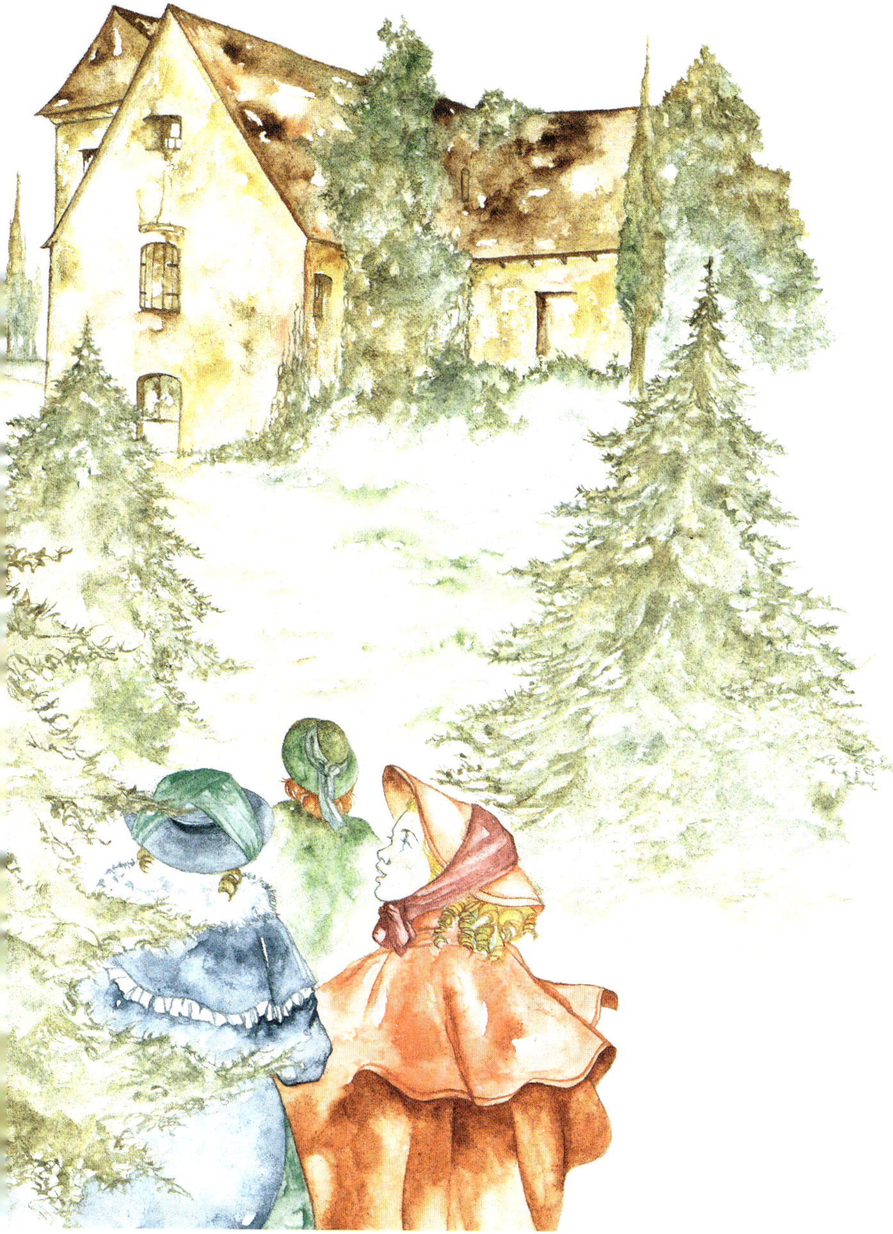

LE GRAND MEAULNES

Meaulnes décide de se diriger vers le vieux château qu'il entrevoit au bout du chemin. Il arrive dans une longue cour étroite toute remplie de voitures. Augustin a faim et sommeil, il pénètre dans une grande pièce au plafond bas, peut-être une chambre à coucher. Dans cette étrange demeure, le silence règne. Tout à coup, il lui semble que le vent porte les notes d'une musique perdue qui ressemble à un souvenir plein de charme et de regret... Il s'endort. Il fait nuit quand des voix le réveillent.

« Ne fais pas de bruit, il dort ! Mets des lanternes vertes à la chambre de Wellington, dit un grand maigre édenté.

– Wellington, c'est un américain ? Le vert, c'est une couleur américaine ? Tu dois le savoir, toi qui as voyagé ! demande son compagnon.

– Oh, tu sais, dans une roulotte on ne voit presque rien !

– Allez, il est temps de s'habiller pour le dîner. Monsieur l'Endormi, dit l'autre homme à Augustin, réveillez-vous ! Vous pouvez choisir un habit de marquis pour descendre dîner... »
« Dîner, voilà une bonne idée » se dit Meaulnes et il se dirige vers la cheminée où il a vu de grands cartons. Il soulève les couvercles et trouve des costumes d'autrefois. Il endosse sur sa blouse d'écolier un grand manteau dont il relève le col et il enfile des chaussures vernies. Il sort et se retrouve dans une cour obscure : les bâtiments sont vieux, presque abandonnés, mais tout a un mystérieux air de fête. Un jeune homme sort du bâtiment voisin, il porte un chapeau haut de forme [1], il a peut-

---

1. chapeau haut de forme :

UNE FÊTE ÉTRANGE

être quinze ans. Au passage, il salue Meaulnes sans s'arrêter et se dirige vers le château. Augustin le suit. Ils traversent un couloir où des fillettes se poursuivent. Deux jeunes garçons s'approchent en parlant. Augustin leur demande :

« Où dîne-t-on ?

– Viens avec nous. On va t'y conduire, répond le plus grand.

– Tu la connais toi ? demande l'un des enfants à Meaulnes.

– Qui donc ?

– La fiancée de Frantz... »

Ils arrivent à la porte d'une grande salle ; il y a du feu dans la cheminée et on a mis des nappes [1] blanches sur les tables. Meaulnes se met à manger. Les gens semblent à peine se connaître. Quelques vieilles paysannes avec des visages ronds et ridés parlent à voix haute.

« Les fiancés ne seront pas là demain avant trois heures !

---

1. **nappe** : tissu qui recouvre la table sur laquelle on mange.

— Est-ce qu'elle est aussi jolie qu'on le dit, la fiancée de Frantz ? » leur demande Meaulnes. Elles le regardent, étonnées [1]. Personne ne l'a vue mais on sait que c'est la fille d'un tisserand [2] de Bourges : Frantz l'a rencontrée dans un jardin et il a décidé de l'épouser.

Un couple charmant apparaît à la porte : les deux jeunes gens traversent la salle en dansant un pas de deux, d'autres couples les suivent. Le repas terminé, tous se lèvent. Dans les couloirs, des rondes et des farandoles s'organisent. Un grand Pierrot édenté court très maladroitement et fait la joie des enfants qui le poursuivent en criant. Une musique attire l'attention de Meaulnes. Il entre dans une pièce où de jeunes enfants regardent des images et écoutent une jeune fille qui joue du piano.

Augustin se trouve plongé dans le bonheur le plus calme du monde...

1. **étonné** : surpris.
2. **tisserand** : ouvrier qui fabrique des tissus.

A C T I V I T É S

Compréhension orale

DELF 1 Écoutez attentivement ce chapitre et retrouvez l'ordre des événements.

- **a.** ☐ Augustin aperçoit le grand maigre habillé en Pierrot.
- **b.** ☐ Des hommes réveillent Augustin.
- **c.** ☐ Augustin entre dans une grande pièce où il s'endort.
- **d.** ☐ On organise des danses dans la grande salle à manger.
- **e.** ☐ Augustin s'habille pour aller dîner.
- **f.** ☐ Meaulnes demande comment est la fiancée de Frantz.
- **g.** ☐ Augustin rencontre deux jeunes garçons qui l'accompagnent dans une grande salle où a lieu le repas de noce.
- **h.** ☐ Augustin aperçoit des enfants en habit de fête.

DELF 2 Cette fête est décidément bien étrange. Cochez les bonnes réponses.

1. Qu'est-ce qui étonne Augustin ?
   - ☐ Les parents prennent toutes les décisions.
   - ☐ Les enfants sont les maîtres de la fête.
   - ☐ Les enfants sont mal habillés.
   - ☐ Les enfants sont impertinents.

2. Qui sont le grand maigre et son compagnon ?
   - ☐ Des bohémiens [1].
   - ☐ Des architectes.
   - ☐ Des soldats.
   - ☐ Des aventuriers.

1. **bohémien** : tsigane, gitan.

A C T I V I T É S

3. Qu'est-ce qui l'indique ?
- ☐ Ils voyagent dans des montgolfières.
- ☐ Ils voyagent dans des roulottes.
- ☐ Ils s'habillent en vert.
- ☐ Ils savent danser et ils se déguisent.

4. Qu'y a-t-il encore d'insolite dans cette fête ?
- ☐ Les invités sont tous malades.
- ☐ Les invités connaissent tous les fiancés.
- ☐ Les invités ne connaissent pas les fiancés.
- ☐ Les invités sont tous des enfants.

Les disparus de Saint-Agil

3 Écoutez et complétez le texte avec les mots qui suivent ; attention, il y a des intrus !

Téléfilm français.
Le charme, le mystère et la poésie se côtoient
dans cette adaptation d'un célèbre roman de Pierre Véry.

partir   organisation   scolaire   pensionnat   s'enfuir
cours   salle   nuit   enfants   trois   garçons   voyage
mystérieuses   voyager   intéressante   s'échapper

ACTIVITÉS

Beaume, Sorgues et Macroy rêvent de .... du .... de Saint-Agil, établissement .... pour .... malades dirigé par Mme Donnadieu. Les trois .... sont inséparables : ensemble ils ont fondé une .... secrète, les « Chiche Capon » et veulent .... pour les États-Unis. Chaque ...., pour préparer leur ...., ils se retrouvent dans la .... de sciences naturelles. Les .... garçons disparaissent l'un après l'autre dans des conditions ....

Grammaire

Le superlatif relatif et absolu

- On forme le superlatif relatif avec le comparatif *plus* ou *moins* précédé de l'article défini *le, la, les*.

   La plus *parfaite solitude.*
   C'est **la plus** *jolie fiancée.*

 Quand le superlatif suit le nom, on répète l'article défini.

   La solitude **la plus** *parfaite.*
   C'est la fiancée **la plus** *jolie.*
   Le bonheur **le plus** *calme du monde.*

- Le superlatif absolu se forme avec *très, fort, bien, extrêmement*, etc. suivis d'un adjectif (ou d'un adverbe).

   Elles portent de **très** *jolis chapeaux à plumes.*

   Il court **très** *maladroitement.*

ACTIVITÉS

1 Transformez le superlatif absolu en superlatif relatif.

Exemple : *Ce garçon est très grand (classe).*
*C'est **le garçon le plus grand** de la classe.*

1. Cet hiver est très froid (des vingt dernières années).
   ....
2. Ces chapeaux sont très beaux (magasin).
   ....
3. Cette demeure est très étrange (Sologne).
   ....
4. Ce bohémien est très maigre (fête).
   ....
5. Cette jeune fille est très belle (région).
   ....
6. Cette musique est très triste (répertoire de Mozart).
   ....
7. Ces nappes sont très blanches (maison).
   ....

2 Transformez selon le modèle.

Exemple : *Cet endroit est le plus désolé de la Sologne.*
*C'est **l'endroit le plus désolé** de la Sologne.*

1. Ce moment est le plus froid de la journée.
   ....
2. Ces fillettes sont les plus bavardes du groupe.
   ....
3. Cette noce est la plus belle de l'année.
   ....
4. Cette cour est la plus étroite de la demeure.
   ....
5. Ces costumes sont les plus vieux que j'aie trouvés.
   ....

ACTIVITÉS

6. Ces chapeaux à plumes sont les plus beaux que j'aie vus.
   ....
7. Ces paysannes sont les plus vieilles de la région.
   ....

Production écrite

DELF 1 Vous avez reçu ce faire-part : vous connaissez très bien Aurélie et Fabrice. Malheureusement, ce jour-là, vous ne pourrez pas assister au mariage. Vous écrivez pour les remercier de l'invitation, vous excuser, et présenter vos vœux.

> *Aurélie et Fabrice*
> *ont la joie de vous annoncer leur mariage,*
> *qui sera célébré à l'hôtel de ville de Dijon,*
> *le 12 septembre, à 15 h.*
> *Nous vous attendons à partir de 18 heures*
> *pour fêter ensemble…*
> *Auberge du vieux bois, à Savonnières.*

DELF 2 Avant leur mariage, Fabrice et Aurélie désirent organiser une fête un week-end, avec tous leurs anciens copains de lycée. Voici les billets que leurs amis ont envoyés.

> *Chers Aurélie et Patrice,*
> *C'est d'accord pour la fête. En juillet, je suis libre tout le mois, sauf la première semaine : c'est le mariage de ma sœur !*
> *Faites-moi savoir au plus vite la date que vous avez choisie.*
> *Bises*
>   *Laurent*

ACTIVITÉS

Salut les tourtereaux !

Alors ça y est ? Vous avez décidé de franchir le pas ! On doit absolument fêter ça. Pour le mois de juillet, je peux me libérer à partir du 2, avant, je ne peux même pas demander un jour de congé… À bientôt j'espère.

Julie

Salut les copains !

J'attends avec impatience votre grande fête. Je veux m'amuser avec vous comme au temps du lycée et j'espère qu'on arrivera à tous se retrouver. Je suis prise environ jusqu'à la mi-juillet (mes derniers examens !),
Bises à tous les deux.

Marion

Chers Aurélie et Fabrice,

J'aurais vraiment aimé vous retrouver, avec la bande du lycée, pour fêter votre mariage. Mais j'ai peur que ce soit difficile. Je pars le 6 juillet pour une mission humanitaire au Nigeria (je vais participer à l'aménagement d'un hôpital pour enfants), et je rentrerai fin août. Je penserai à vous, si c'est possible je vous passerai un coup de fil pour être là, moi aussi.
Je vous embrasse.

Kamel

1. Pour satisfaire le plus grand nombre d'amis, vers quelle période Aurélie et Fabrice peuvent-ils organiser leur fête ?
2. Kamel n'a pas pu participer à la fête. Marion lui écrit pour lui raconter le week-end et lui envoyer des photos. Écrivez cette lettre.

Détente

1 **Mots croisés**

Horizontalement

1. Moment de la journée où on se réveille.
2. Il s'oppose à la nuit.
3. Personne à qui on a demandé de venir manger à la maison.
4. On le consomme tard dans la soirée, après le spectacle.
5. Quand le jour finit.
6. C'est le moment où le coq chante.
7. C'est souvent l'heure du crime.

Verticalement

1. Il commence après le repas de midi.
2. 12 heures.
3. On en prend généralement 3 par jour.
4. Liste des plats présentés dans les restaurants.

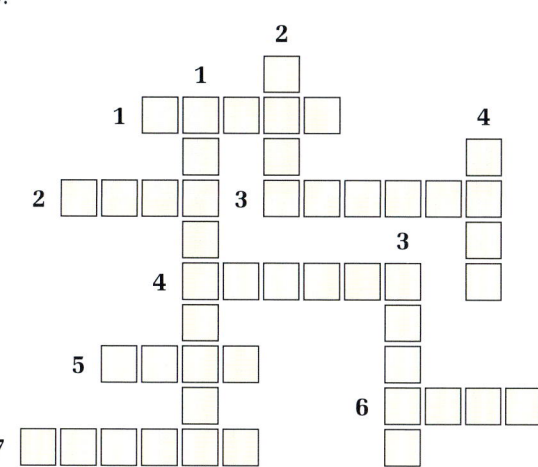

La Sologne

Un sentier, des champs, des maisons isolées, un château qui semble surgir comme par enchantement de la brume qui recouvre les étangs, au petit matin... Le château de l'étrange fête est entouré d'une atmosphère magique et mystérieuse. C'est l'atmosphère de la Sologne, la région où Alain-Fournier a passé son enfance et où il a situé son unique roman Le Grand Meaulnes.

Les landes, la forêt, les rivières et les étangs occupent cet immense territoire, situé entre la Loire et le Cher. La Sologne était autrefois une région maudite, insalubre, où il était difficile de survivre. À la fin du siècle dernier, Napoléon III y fait entreprendre de vastes travaux d'assainissement, sans pour autant la dénaturer.

Aujourd'hui, l'abondance d'eau et la douceur du climat sont les atouts majeurs d'une agriculture spécialisée dans la production maraîchère et fruitière : il est impossible de résister aux asperges blanches et aux fraises qui poussent dans le sol sableux de la région. Régulièrement, les producteurs viennent vendre leurs produits sur les marchés des petites villes.

Mais la Sologne est surtout un paradis naturel, où la forêt, les étangs et les rivières abritent une flore et une faune unique : cerfs, chevreuils, faisans, lièvres et lapins, oiseaux migrateurs, mais aussi poissons des étangs, pour la grande joie des chasseurs et des pêcheurs, qui attendent chaque année avec impatience « l'ouverture »...

Compréhension écrite

1 **Répondez aux questions.**

1. Dans quelle région administrative se trouve la Sologne ?
2. La Sologne regroupe des territoires de plusieurs départements : lesquels ?

Les régions de France

2 Le Festival d'Automne est une manifestation importante en Sologne. Nous avons remplacé certains mots par des synonymes (en italique). Reconstituez le texte original en mettant à leur place les mots suivants.

parée   belles   balades   région   thèmes
couleurs   attrait   nostalgique   regards

Le Festival d'Automne en Sologne

Chaque année, au début de l'automne, la Sologne attire tous les *yeux* : la chasse, les champignons, les brames [1], les *promenades* en forêt, la *mélancolique* évocation du « Grand Meaulnes », autant de *sujets* qui reviennent pour décrire le *charme* de cette *zone*, alors *ornée* de ses plus *jolies teintes*.

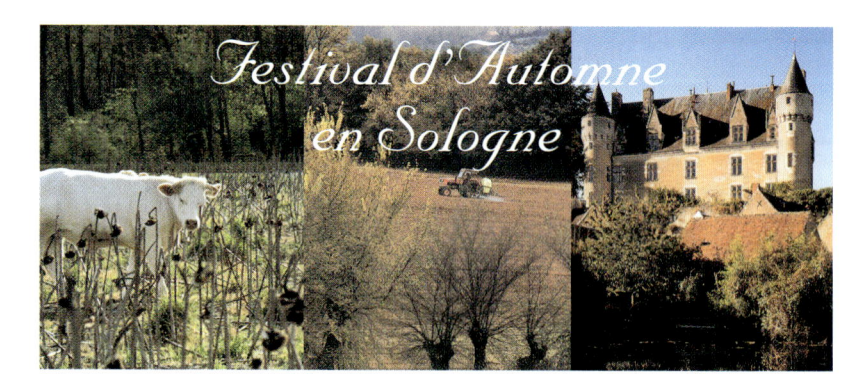

3 Quels sont les thèmes de ce festival ? Pourquoi se déroule-t-il en automne et pas en été ?

4 Qu'évoquent les photos ? (aspect géographique de la région, activités...)

---

1. **brame** : cri du cerf ou du daim.

La Sologne et ses châteaux célèbres

Chambord

À l'origine, ce château immense n'était qu'un petit pavillon de chasse : les comtes de Blois l'avaient fait construire dans la forêt de Boulogne, réserve de chasse exceptionnelle.

Dans sa jeunesse, le roi François Ier aime venir y chasser. En 1518, il ordonne de détruire le modeste pavillon et de construire à sa place un château somptueux. Les travaux commencent immédiatement, mais le roi meurt avant de voir le château terminé.

Chambord est le plus grand des châteaux de la Loire, avec 440 pièces, 365 cheminées, plus de 80 escaliers ! Et pour que le château se reflète dans l'eau, on a même détourné le cours d'une rivière, le Cosson.

Cheverny

Cet élégant château classique a été bâti en 30 ans, de 1604 à 1634, par le comte Hurault de Cheverny. Aujourd'hui, ses descendants y habitent encore et maintiennent intacte la tradition de la vénerie [1] : tous les ans, des chasses à courre [2] s'y déroulent. Les bois environnants résonnent alors du son du cor et des « Taïaut » [3] des cavaliers qui lancent les chiens à la poursuite de leurs proies.

5 Cochez les affirmations exactes.

1. ☐ Le château de Cheverny a été construit après celui de Chambord.
2. ☐ Ces deux châteaux ont été construits pour la chasse.
3. ☐ Le roi François 1er a vécu longtemps au château de Chambord.
4. ☐ Aujourd'hui, ces deux châteaux appartiennent à l'État.
5. ☐ La chasse à courre se pratique encore à Cheverny.
6. ☐ On a construit Chambord au bord d'une rivière.

1. **vénerie** : art de la chasse à courre.
2. **chasse à courre** : chasse qui se fait avec des chiens et à cheval.
3. **Taïaut** : cri pour signaler la bête.

Chapitre 4

LA RENCONTRE

Le lendemain, quand Augustin se réveille, la cour est déserte. Dans le ciel, le soleil rend l'air plus doux et fait briller l'herbe mouillée[1] ; des oiseaux chantent dans les arbres.

Meaulnes se dirige vers le bâtiment principal où une paysanne lui sert un bol de café brûlant :

« Vous êtes le premier » lui dit-elle. Augustin demande quand les bateaux partiront : « Pas avant une demi-heure, personne n'est descendu encore. »

Il cherche longtemps l'embarcadère[2] et se promène le long des rives en attendant l'heure du départ. Soudain il entend des

---

1. **herbe mouillée** : couverte d'eau de pluie.
2. **embarcadère** : lieu où les bateaux accostent et d'où ils partent.

LE GRAND MEAULNES

pas sur le sable : deux femmes, l'une âgée, l'autre jeune, s'arrêtent pour regarder le paysage. Augustin a l'impression d'avoir déjà vu cette jeune fille à la chevelure blonde et à la taille d'une finesse extraordinaire. D'autres invités arrivent, trois bateaux accostent. Comme dans une étrange cérémonie, au passage de la vieille dame et de la jeune fille, tous les jeunes gens saluent et les jeunes filles s'inclinent. Étrange matinée ! Meaulnes se retrouve sur le même bateau que la jeune fille qui n'est autre que la châtelaine [1] ; il la regarde, fasciné par sa beauté ; elle aussi le regarde. Le bateau arrive à destination et les passagers s'apprêtent à descendre. Meaulnes, qui se trouve près de la jeune fille, remarque son profil si pur : il ressent une profonde émotion. À terre, tout est comme dans un rêve : alors qu'autour d'eux les enfants courent et crient de joie, Meaulnes s'avance dans une allée, la jeune fille est devant lui. Avant même d'avoir eu le temps de réfléchir, il se trouve près d'elle et lui dit simplement :

« Vous êtes belle. »

Elle ne répond pas et hâte le pas [2]. Augustin regrette d'avoir été si maladroit et de l'avoir peut-être offensée. Il la rejoint et lui dit :

« Voulez-vous me pardonner ?

– Je vous pardonne, dit-elle gravement, mais je dois aller voir les enfants, ils sont les maîtres aujourd'hui, adieu...

– Je vous en prie, restez encore un peu.

---

1. **la châtelaine** : la propriétaire du château.
2. **elle hâte le pas** : elle marche plus vite.

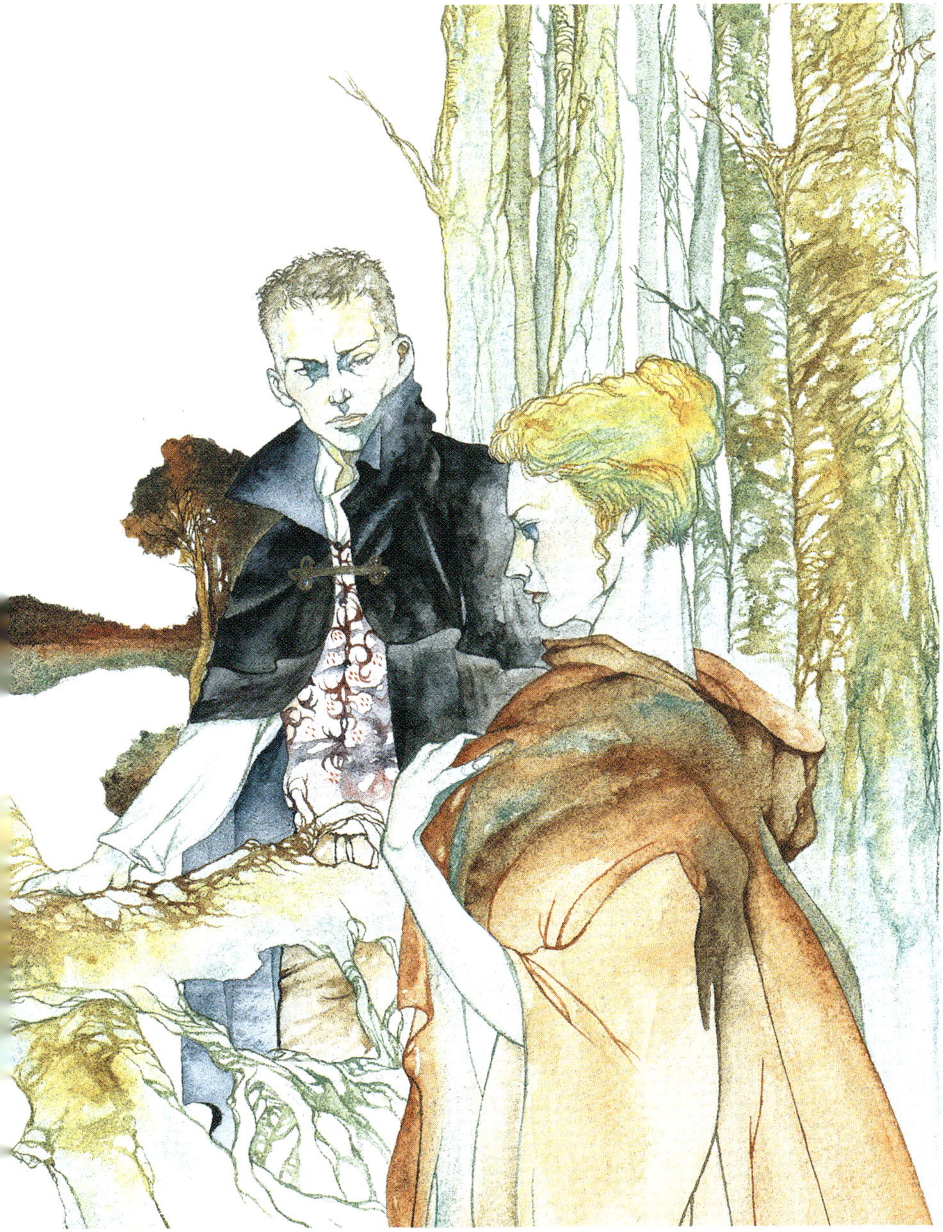

– Je ne sais même pas qui vous êtes, dit-elle enfin.

– Je ne sais pas non plus votre nom, répond Meaulnes.

– Voilà la maison de Frantz, je dois vous quitter... Mon nom ? Je suis Mademoiselle Yvonne de Galais. »

Augustin pénètre dans la maison où de nombreux invités déjeunent d'un repas froid.

Un peu plus tard, Meaulnes s'approche de Mlle de Galais :

« Mon nom à moi est Augustin Meaulnes... je suis étudiant.

– Oh vous étudiez ? »

Et ils se mettent à parler lentement, avec bonheur... Petit à petit, la jeune fille devient moins distante. Meaulnes lui demande la permission de la revoir.

« À quoi bon, à quoi bon ? répond-elle doucement. Nous sommes deux enfants ; nous avons fait une folie. Vous ne devez pas monter cette fois dans le même bateau. Adieu, ne me suivez pas. »

Au domaine, les fiancés ne sont toujours pas arrivés. Au pied de l'escalier Meaulnes croise un jeune homme au visage fin et pâle qui lui dit : « Adieu Monsieur ! »

Meaulnes monte dans sa chambre, il aperçoit une lueur dans la pièce voisine et trouve un billet sur la table, à côté d'une bougie [1] :

---

1. **bougie** : chandelle.

LA RENCONTRE

« Ma fiancée a disparu, elle ne veut plus être ma femme, elle dit qu'elle est couturière [1] et non pas princesse. Je n'ai plus envie de vivre... Qu'Yvonne me pardonne si je ne lui dis pas adieu mais elle ne peut rien pour moi. »

Dans la cour, les voitures partent les unes après les autres. Meaulnes demande à un paysan en blouse conduisant une vieille berline s'il peut monter. Dans la voiture il s'efforce de distinguer la route par où il est venu, mais plein de fatigue il s'endort comme un enfant triste...

Tout à coup le conducteur arrête les chevaux : « Vous devez descendre ici. Le jour se lève. Vous êtes tout près de Sainte-Agathe. »

Encore tout endormi, Meaulnes, les mains dans les poches, marche lentement sur le chemin de Sainte-Agathe ; dans sa tête, la fête mystérieuse résonne encore...

---

1. **couturière** : personne qui confectionne des vêtements.

A C T I V I T É S

Compréhension orale

DELF 1 Écoutez le chapitre puis cochez les bonnes réponses (attention, il peut y en avoir plusieurs).

1. Le lendemain matin, lorsque Augustin se réveille,
   - [ ] il fait mauvais.
   - [ ] il fait plus doux.
   - [ ] il fait plus froid.

2. Quand il se promène sur la rive, il aperçoit
   - [ ] une jeune fille blonde.
   - [ ] trois bateaux qui accostent.
   - [ ] des chiens de chasse.

3. Augustin adresse la parole à la jeune châtelaine
   - [ ] qu'il connaît déjà.
   - [ ] qu'il a déjà vue.
   - [ ] qu'il ne connaît pas.

4. Yvonne de Galais est
   - [ ] la femme de Frantz.
   - [ ] la sœur de Frantz.
   - [ ] la mère de Frantz.

5. Au domaine,
   - [ ] les fiancés ne sont plus attendus.
   - [ ] les fiancés sont arrivés.
   - [ ] les fiancés ne sont pas encore arrivés.

6. Le jeune homme pâle qu'Augustin rencontre est
   - [ ] Frantz.
   - [ ] le frère d'Yvonne de Galais.
   - [ ] un ami de la famille.

7. Le jeune homme est désespéré
   - [ ] parce que sa fiancée est morte.
   - [ ] parce que sa fiancée ne l'a jamais aimé.
   - [ ] parce que sa fiancée ne veut plus l'épouser.

8. À la fin de cette aventure, Augustin est
   - [ ] très fatigué.
   - [ ] plutôt rêveur.
   - [ ] très en colère.

ACTIVITÉS

Sur les pas du Grand Meaulnes

2 Écoutez le programme de ces deux excursions et indiquez si les affirmations suivantes sont vraies ou fausses. Corrigez celles qui sont fausses.

	V	F

Première excursion

1. 9 heures 30 : départ de Bourges en direction d'Épineuil-le-Fleuriel, village natal d'Alain-Fournier.
   ....

2. Découverte de l'abbaye de Loroy qui a inspiré la description du Domaine inconnu.
   ....

3. Les souvenirs de vacances chez l'oncle Florentin sont liés à Nançay.
   ....

4. Promenade au bord du Cher.
   ....

5. 14 heures 30 : visite du musée imaginaire du *Grand Meaulnes.*
   ....

Deuxième excursion

6. 9 heures : départ pour Épineuil-le-Fleuriel où Alain-Fournier est né.
   ....

7. Visite du village.
   ....

8. 17 heures : visite de Sainte-Agathe, Cornançay et des bords du Cher.
   ....

ACTIVITÉS

Grammaire

Gérondif ou participe présent ?

- On forme le gérondif français avec la préposition *en* suivie du participe présent du verbe.

    *Il parle **en marchant**.*

- Pour utiliser le gérondif il faut que deux conditions soient remplies :
    - les deux actions doivent être simultanées (c'est-à-dire se dérouler au même moment).
    - les deux actions doivent avoir le même sujet.

- Pour bien marquer la simultanéité ou l'opposition de deux actions on peut utiliser *tout* devant le gérondif.

    *Il travaille **tout en s'amusant**.*

- **Attention** : si le verbe est à une forme négative ou composée, ce n'est pas un gérondif mais un participe présent exprimant la cause. On n'emploie pas la préposition *en*.

    ***Ne trouvant pas** d'autre solution, il s'est décidé à lui parler.*
    ***Ayant vu** le bateau au bon moment, il a pu embarquer.*

1 **Transformez les phrases suivantes selon le modèle.**

Exemple : *Augustin entend des bruits dehors, il se réveille.*
            Augustin se réveille en entendant des bruits dehors.

1. Augustin entend les oiseaux chanter, il est heureux.
   ....
2. Augustin boit un bol de café brûlant, il demande quand les bateaux partiront.
   ....

ACTIVITÉS

3. Augustin cherche l'embarcadère, il voit deux femmes à côté de la berge.
   ....
4. Augustin regarde la châtelaine, il est fasciné par elle.
   ....
5. Les enfants courent, ils crient de joie.
   ....
6. Augustin est entré dans sa chambre, il a vu un billet sur la table.
   ....
7. Il la salue, il lui dit « Voulez-vous me pardonner ? ».
   ....
8. Il s'approche d'elle et lui dit son nom.
   ....

2 **Complétez les phrases suivantes avec un gérondif ou un participe présent.**

Exemple :   Il se promène le long des rives *en attendant* l'heure du départ.

1. Ne .... l'embarcadère, il se promène le long des rives.
2. .... la jeune fille, il a l'impression de l'avoir déjà vue.
3. Tout .... la jeune fille devient moins distante.
4. Un jeune homme salue Augustin .... « Adieu Monsieur ! »
5. .... que les fiancés n'arrivent pas, les invités commencent à partir.
6. .... dans sa chambre, Meaulnes aperçoit une lueur.
7. Meaulnes s'endort ....
8. Il entend encore les musiques de la fête mystérieuse tout ....

A C T I V I T É S

Enrichissez votre vocabulaire

1 13 mots se cachent dans cette vague. Les définitions vous aideront à les retrouver ; les lettres en caractère gras indiquent le début et la fin de chaque mot. Attention certains se lisent de gauche à droite !

PENICHEMBARCADERELOMOUILLEROUTEONACANOTROPONTONORIVANCREUGRABATEAU

1. Il protège l'entrée du port : .... (m _ _ e)
2. Elle sert à immobiliser le bateau : .... (a _ _ _ e)
3. Bateau à fond plat qui sert à transporter des marchandises : .... (p _ _ _ _ _ e)
4. L'itinéraire d'un navire : .... (r _ _ _ e)
5. C'est là que sont les bateaux quand ils ne sont pas en mer : .... (p _ _ t)
6. Construction flottante formant une plateforme : .... (p _ _ _ _ n)
7. Emplacement aménagé dans un port ou sur une rivière pour permettre l'embarquement des voyageurs ou des marchandises : .... (e _ _ _ _ _ _ _ _ _ e)
8. Jeter l'ancre : .... (m _ _ _ _ _ _ r)
9. Rame légère pour embarcations sportives : .... (a _ _ _ _ n)
10. Petite embarcation : .... (b _ _ _ _ e)
11. Embarcation sportive que l'on dirige avec une pagaie : .... (c _ _ _ ë)
12. Il est pneumatique, de sauvetage, à moteur : .... (c _ _ _ t)
13. Mot plus général pour indiquer une embarcation : .... (b _ _ _ _ u)

ACTIVITÉS

Compréhension et production écrite

1 Lisez ce petit manuel à l'usage des rencontres d'aujourd'hui.

TOUT POUR SÉDUIRE ET ÉVITER D'ÊTRE NUL

LUI	ELLE
1. Faites-la rire !	**1.** Soutenez son regard, regardez-le dans les yeux…
2. Renseignez-vous sur ses goûts, avant de l'inviter au cinéma… De toute façon, ce n'est pas l'écran que vous regarderez…	**2.** Demandez-lui son numéro de portable, et envoyez-lui des textos [1] de plus en plus clairs… Il devrait comprendre.
Attention ! Surtout ne lui imposez pas vos goûts ! Ne vous mettez pas à lui raconter le dernier match de foot PSG-OM !	**3.** Offrez-lui un cadeau personnalisé, par exemple un CD fait maison, avec vos chansons d'amour préférées…
3. Offrez-lui un cadeau, ça marche toujours… Les fleurs sont toujours appréciées.	Attention : même s'il adore le rugby, ne lui offrez pas le calendrier des rugbymen nus, ça risque de le mettre mal à l'aise…
Attention, évitez les cadeaux embarrassants, genre lingerie sexy… et si elle est allergique, surtout pas de fleurs !	**4.** Pour vous déclarer, dédicacez-lui une chanson à la radio…
4. Écrivez-lui une lettre d'amour, le romantisme marche toujours.	Attention ! Ne vous trompez pas de radio… Renseignez-vous pour savoir laquelle il écoute.
Attention ! N'oubliez pas de signer votre lettre, ni de la mettre dans l'enveloppe…	

1. **texto** : SMS.

DELF 2 Julie a remarqué un garçon. Elle a envie de faire sa connaissance. Aidez-la à lui envoyer un texto. Attention, vous avez droit à seulement 160 caractères…

DELF 3 Lisa envoie un mél à Fun-radio pour demander de dédicacer une chanson à Adrien. Elle précise le titre de la chanson, l'heure à laquelle la chanson doit passer et le texte de la dédicace. Écrivez ce message.

Chapitre 5

LE BOHÉMIEN

Depuis l'étrange aventure de Meaulnes, la classe est divisée en deux clans : Jasmin, qui ne veut plus parler à Augustin, a formé son groupe. Meaulnes ne me dit plus rien sur le Domaine mystérieux ni sur la belle Yvonne. Il a peut-être oublié...

Un soir de février vers neuf heures, nous nous apprêtons à nous coucher quand un coup de sifflet et des cris nous surprennent : « Amenez-le, amenez-le ! »

Puis d'autres cris encore. Enfin une voix connue appelle :

LE BOHÉMIEN

« Monsieur Seurel, Monsieur Seurel ! » C'est Pasquier, le boucher : « J'ai vu deux grands gars [1] et quand je me suis approché... hop ! ils sont partis du côté de chez vous. Ce sont peut-être des bohémiens, ils sont sûrement en train d'organiser un mauvais coup ! »

« Je vous suis ! Viens François ! » me dit mon père.

Meaulnes prend sa lanterne et se joint à nous.

Nous marchons sur la neige, dans un silence absolu. Tout à coup deux individus surgissent et s'enfuient dans la nuit.

« François, accompagne-moi » me crie Meaulnes, et nous nous mettons à courir derrière ces ombres dans le village endormi. Les deux inconnus s'engagent dans une ruelle sans issue que je connais très bien. « Nous les tenons, c'est une impasse » dis-je à Meaulnes... Mais quand nous arrivons dans l'impasse, une dizaine de gars sortent d'une cour : je reconnais Delouche, Denis, Giraudat, mais pas leur chef. Nous nous battons comme nous pouvons mais deux garçons m'immobilisent et quatre autres tiennent Meaulnes pendant que leur chef fouille [2] dans les poches de mon ami : « Ça y est, nous avons le plan ! » dit-il. À ces mots, tous disparaissent.

Le lendemain, en classe, il y a un nouveau venu : un bohémien ; il a la tête bandée.

« Je suis certain que c'est lui pour l'embuscade [3], me dit

---

1. **gars** : garçon.
2. **fouille** : cherche minutieusement.
3. **embuscade** : manœuvre qui consiste à se cacher pour surprendre l'ennemi.

LE GRAND MEAULNES

Meaulnes, il est venu à l'école ce matin pour ne pas être soupçonné. Ce soir, après quatre heures, tu resteras dans la classe et pendant que je le tiendrai, tu lui reprendras le plan qu'il m'a volé. »

Mais lorsque le bohémien arrive, nous nous apercevons que ses habits sont déchirés et que son bandeau est rouge de sang.

« Je suis venu vous rendre le plan, dit-il. Les autres ont voulu me le prendre... j'ai dû me battre... » Meaulnes le regarde avec insistance, sans un mot. Le bohémien continue :

« J'ai mis sur le plan d'autres indications... car moi aussi j'ai assisté à cette fête extraordinaire, mais je ne connais pas en entier le chemin qui conduit au domaine que vous cherchez. »

Devant notre reconnaissance et notre enthousiasme, le bohémien ajoute avec tristesse : « Je ne suis pas un garçon comme les autres : il y a trois mois j'ai voulu me tirer une balle dans la tête... maintenant je ne vis que pour m'amuser, comme un enfant, comme un bohémien. Je n'ai plus rien, je suis seul, je n'ai que Ganache. Soyez mes amis... Je connais votre secret et je l'ai défendu contre tous. » Et il ajoute d'un ton presque solennel : « Soyez mes amis, jurez-moi que vous répondrez quand je vous appellerai — quand je vous appellerai ainsi : (il pousse un cri étrange) Hou-ou ! Jurez, vous Meaulnes, jurez d'abord. »

Nous jurons. Il continue : « Voici l'adresse de Paris où la jeune fille du château a l'habitude de passer les fêtes... ».

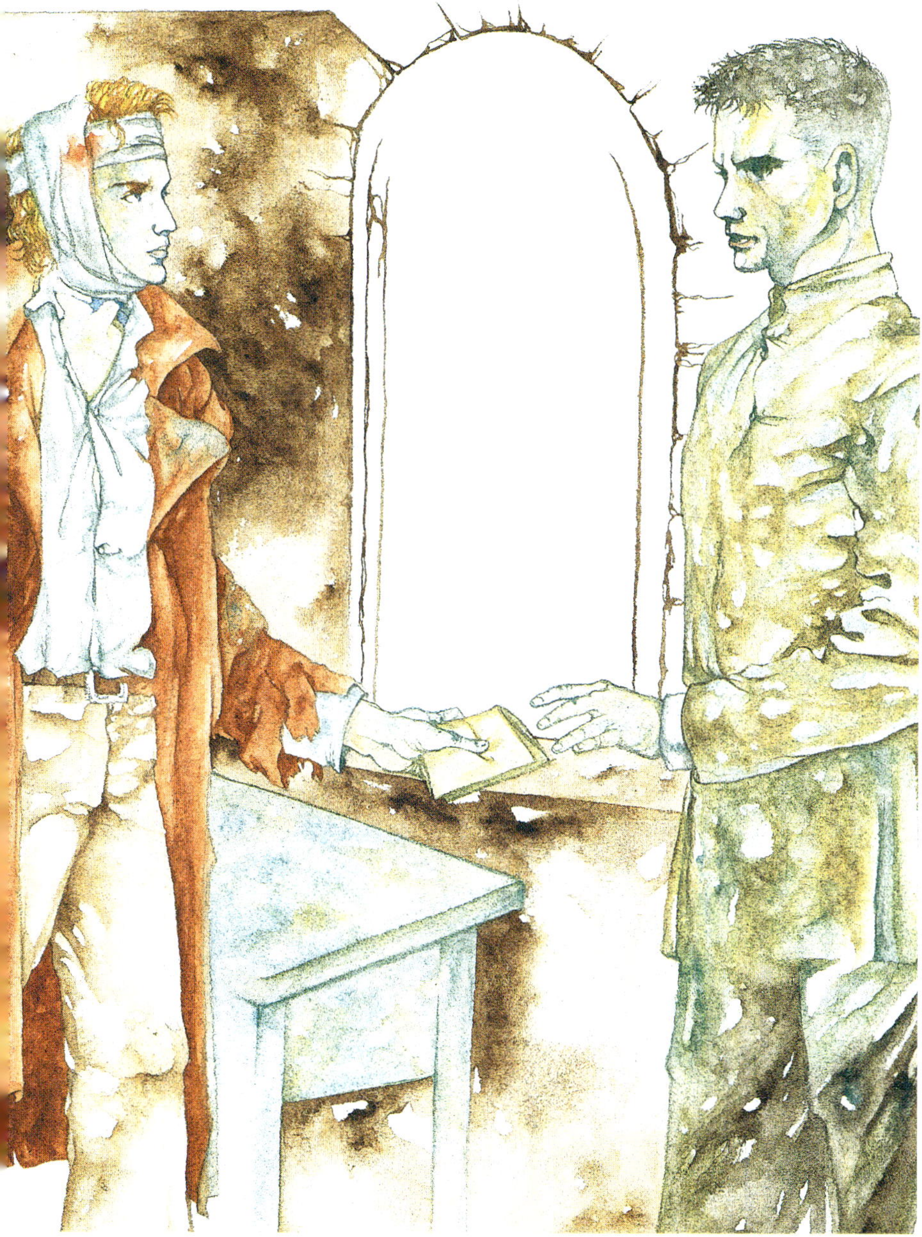

LE GRAND MEAULNES

Soudain nous entendons quelqu'un qui l'appelle : c'est son compagnon Ganache, l'autre bohémien. Ils s'en vont.

Avec tous ces événements nous ne nous sommes pas aperçus que le printemps est arrivé. Les deux bohémiens en profitent pour organiser une grande représentation sur la place de l'église. Ganache, l'édenté, dirige une chèvre savante ; notre ami, le front bandé et habillé en Pierrot fait une pantomime. À la fin du spectacle, il salue le public et sort, mais avant de disparaître, il enlève son bandeau. Meaulnes alors se lève et me crie : « Regarde le bohémien ! Regarde, je l'ai enfin reconnu ! » Je devine moi aussi : c'est le fiancé du Domaine mystérieux ! Frantz de Galais !

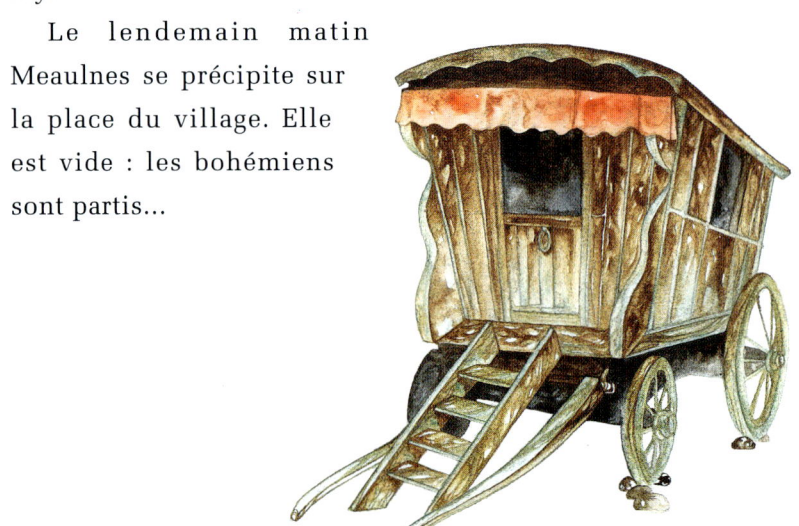

Le lendemain matin Meaulnes se précipite sur la place du village. Elle est vide : les bohémiens sont partis...

A C T I V I T É S

Compréhension orale

DELF 1 Écoutez le chapitre puis reconstruisez les phrases en reliant les éléments des deux colonnes.

1. ☐ Après l'aventure d'Augustin Meaulnes, la classe
2. ☐ Un soir, le boucher, Monsieur Pasquier,
3. ☐ Selon lui, les bohémiens
4. ☐ François et son père
5. ☐ Augustin les
6. ☐ Ils arrivent dans une impasse où
7. ☐ Le lendemain, un bohémien
8. ☐ Le bohémien affirme qu'
9. ☐ Augustin et François
10. ☐ Quand le printemps arrive
11. ☐ Meaulnes reconnaît le bohémien qui
12. ☐ Le lendemain, les bohémiens

a. rejoint.
b. est tout simplement Frantz de Galais.
c. ont disparu.
d. sont en train de préparer un mauvais coup.
e. se présente à l'école.
f. les bohémiens organisent une représentation.
g. appelle M. Seurel.
h. jurent de rester fidèles à leur promesse.
i. le suivent.
j. il veut aider Augustin à retrouver le Domaine mystérieux.
k. n'est plus unie.
l. les attendent une dizaine de gars.

ACTIVITÉS

2 **Répondez aux questions suivantes.**

1. Quelle situation s'est créée dans la classe d'Augustin et de François ?
2. Comment devient Augustin ?
3. Les préjugés contre les bohémiens existent depuis toujours. À quoi le voit-on dans ce texte ?
4. Qui est le bohémien habillé en Pierrot ? À quoi le devine-t-on ?
5. Qui est Ganache ? Dans quel chapitre l'a-t-on déjà rencontré ?

La Sologne

3 **Écoutez et cochez la bonne case.**

1. Combien de temps faut-il depuis Paris pour rejoindre cette région ?
   - [ ] 70 minutes
   - [ ] 80 minutes
   - [ ] 90 minutes

2. Comment s'appelle cette région ?
   - [ ] Sologne
   - [ ] Boulogne
   - [ ] Bologne

3. Combien de kilomètres de promenades y a-t-il ?
   - [ ] moins de mille kilomètres
   - [ ] mille kilomètres
   - [ ] plus de mille kilomètres

4. Que peut-on faire dans les étangs ?
   - [ ] pêcher
   - [ ] manger
   - [ ] marcher

A C T I V I T É S

5. Comment s'appelle la rivière qui est citée ?
   - [ ] la Loire
   - [ ] le Rhin
   - [ ] le Cher

6. Comment sont les paysages de cette région ?
   - [ ] inoubliables
   - [ ] inénarrables
   - [ ] inébranlables

7. Que peut-on découvrir dans les musées des villages ?
   - [ ] la vie des Français
   - [ ] la vie rurale
   - [ ] la vie locale

8. Comment sont les restaurants de ces villages ?
   - [ ] chers
   - [ ] chaleureux
   - [ ] réputés

9. Quel sport peut-on pratiquer dans cette région ?
   - [ ] la voile
   - [ ] la chasse
   - [ ] le tir au but

Romorantin-Lanthenay.

ACTIVITÉS

Grammaire

Depuis ou *il y a* ?

- *Il y a* indique un moment précis dans le passé ; le complément de temps est chiffré (deux mois, quatre jours...).

    *Il **y a** trois mois, j'ai voulu me tirer une balle dans la tête.*

- *Depuis* indique une durée dans le passé, de l'origine de l'action ou de la situation jusqu'au moment présent.
    Le complément de temps peut
    – être chiffré :

    ***Depuis** trois mois, Meaulnes ne dort plus.*

    – ou évoquer un événement précis :

    ***Depuis** l'étrange aventure de Meaulnes, la classe s'est divisée en deux.*

1 Complétez les phrases avec *depuis* ou *il y a*.

1. .... l'aventure de Meaulnes, Jasmin ne veut plus lui parler.
2. .... trois mois, Meaulnes a disparu en allant chercher les grands-parents de François.
3. Il y a des vols dans le village .... l'arrivée des bohémiens.
4. .... deux heures, Meaulnes et son ami François sont partis à la recherche des bohémiens.
5. Meaulnes et son ami François cherchent les bohémiens .... deux heures.
6. « Qu'est-ce que tu as fait pendant tout ce temps, je t'attends .... quatre heures » dit Augustin à François.

ACTIVITÉS

7. « .... trois mois, ma vie s'est arrêtée, j'ai voulu me tirer une balle dans la tête. Je suis si malheureux .... ce moment-là » dit le jeune bohémien à ses nouveaux amis.

2 **Transformez les phrases suivantes avec *depuis* ou *il y a* selon l'exemple.**

Exemple : *Les gens sont plus heureux (arrivée du printemps).*
   Depuis l'arrivée du printemps*, les gens sont plus heureux.*

1. Augustin est différent (son aventure).
   ....
2. Augustin a vécu une drôle d'aventure (trois mois).
   ....
3. Le jeune bohémien est arrivé (cinq jours).
   ....
4. François n'est plus le même (la venue d'Augustin).
   ....
5. Le jeune bohémien s'est tiré une balle dans la tête (trois mois).
   ....
6. (Trois mois), le jeune bohémien ne vit plus que pour s'amuser.
   ....
7. (Leur promesse), les trois amis sont inséparables.
   ....
8. (Deux jours), les bohémiens ont disparu.
   ....

A C T I V I T É S

Compréhension écrite

DELF 1 Lisez le document et répondez aux questions.

Les gens du voyage…

On les appelle, de manière ambiguë, les « gens du voyage » : cette expression, qui regroupait avant la Deuxième Guerre mondiale les gens du cirque et de la fête foraine, englobe aujourd'hui aussi tous les groupes de populations « nomades ».

« Tsiganes, Roms, Bohémiens, Gitans, Manouches… tous ces noms nous sont familiers, tout en gardant une consonance étrangère. En effet, ces peuples itinérants sont établis en France depuis parfois plusieurs siècles et ont gardé leur mode de vie, celui du Voyage.

Historiquement, l'arrivée des premières communautés tsiganes en France remonte au XVème siècle. Elles sont venues du nord-ouest de l'Inde. Leur migration vers l'ouest s'est faite en plusieurs vagues, sans doute à partir du IXème siècle.

Les Roms sont passés par les Balkans et la Russie. Beaucoup sont sédentaires et parlent une langue dérivée du sanscrit et très proche des langues du nord de l'Inde : le romani.

Les Manouches ont séjourné en Allemagne et parlent un romani fortement influencé par l'allemand : le sinto manouche. On les retrouve dans toute l'Europe occidentale, et essentiellement en France, où la majorité d'entre eux est nomade.

Les Gitans parlent, selon les groupes, l'espagnol et/ou le catalan auquel se mêle un certain nombre de mots romani : le calo. Ils sont en très grande majorité sédentaires et présents dans le sud de la France, dans la péninsule ibérique et en Amérique du Sud.

Les termes « Tsigane » de même que « Rom », (adopté lors du premier congrès mondial Rom à Londres en 1971), incluent de manière globale les trois premiers groupes mais non les Yenishes, Voyageurs d'origine germanique qui ont adopté depuis le XVIIème siècle le mode de vie des Tsiganes.

76

ACTIVITÉS

1. De quel pays viennent les « nomades » et quelles langues parlent-ils ?
2. Qui désignait l'expression « Gens du voyage » avant 1945 ? Pourquoi ces personnes n'étaient-elles pas sédentaires ?
3. D'où viennent les communautés tsiganes qui vivent en France ? À quel moment a commencé leur migration ?
4. Toutes ces populations sont-elles nomades ?

2 Lisez cette présentation sur Django Reinhart puis complétez-la en lançant une recherche sur Internet.

La musique gitane : de Django aux Gipsy Kings…

Django Reinhardt est né le 23 janvier 1910, dans une roulotte près de Charleroi, en Belgique. C'est un « enfant de la balle », puisque sa mère est danseuse acrobate. Il descend des Sinti, partis plus de 2000 ans auparavant du nord de l'Inde, pour se rendre alors en Perse, où ils étaient appréciés – déjà- comme musiciens. Django grandit dans les bidonvilles des environs de Paris. Il apprend d'abord à jouer du violon, puis du banjo, puis de la guitare. Il se fait vite connaître dans les petits bals parisiens, où on admire sa virtuosité. Lors de l'incendie de la roulotte où il vit, il est gravement brûlé, et surtout il perd l'usage de deux doigts. Mais lentement, il réapprend à jouer, malgré son handicap. Avec le violoniste Stéphane Grappelli, et trois autres musiciens, il forme le « Quintette du Hot Club de France » : le groupe, qui mêle les rythmes du jazz aux sonorités de la « musette » populaire française, connaît un succès mondial. Django meurt à 43 ans, en 1953. Après lui, le guitariste Manitas de Plata, puis aujourd'hui le groupe des Gipsy Kings continuent à faire vivre la musique gitane dans le monde entier.

Chapitre 6

LE DÉPART DE MEAULNES

Après le départ des bohémiens, le printemps s'installe définitivement. Meaulnes, qui a vainement cherché le sentier qui mène au Domaine mystérieux, m'annonce un matin :
« C'est aujourd'hui que je pars. Je vais terminer mes études à Paris. »

Il est inutile de lui demander pourquoi il désire aller à Paris !...

« Dès que tu l'auras retrouvée là-bas, tu m'écriras ?
– C'est promis. N'es-tu pas mon compagnon et mon frère ? »

Après son départ, je me retrouve seul pour la première fois depuis de longs mois avec l'impression que dans la vieille

LE DÉPART DE MEAULNES

voiture où Meaulnes s'est installé, mon adolescence est partie pour toujours.

Dans les mois qui suivent je reçois trois lettres de Meaulnes. Dans la première il m'apprend que la maison de Paris indiquée par Frantz est fermée (même si Pâques approche) et qu'une jeune fille, habillée en noir, vient s'asseoir, elle aussi, sur un banc, attendant on ne sait quoi.

LE GRAND MEAULNES

Augustin a fait sa connaissance et tous deux passent des heures entières à espérer que les fenêtres s'ouvriront un jour.

Dans la deuxième, Meaulnes est désespéré : la jeune fille en noir lui a appris qu'Yvonne de Galais vient de se marier. Sa détresse [1] est immense.

Sa dernière lettre est encore plus triste et bouleversante [2], Meaulnes la termine ainsi : « Notre aventure est finie... Il vaut mieux tout oublier ».

Je passe ce nouvel hiver à étudier seul et sans goût, m'efforçant de chasser pour toujours les souvenirs de nos aventures, comme Meaulnes me l'a demandé. Mais l'été suivant, il se passe quelque chose d'extraordinaire. L'ennui et la solitude me poussent à fréquenter à nouveau les autres et même Jasmin Delouche car au fond il représente un lien avec le passé et mon amitié avec Meaulnes. Au cours d'une promenade Jasmin nous parle de certains domaines qu'il a visités et en particulier d'une demeure à demi abandonnée aux environs du Vieux-Nançay : le domaine des Sablonnières. Il raconte avoir vu dans la chapelle une pierre tombale avec ces mots :

« CI-GÎT LE CHEVALIER GALOIS FIDÈLE À SON DIEU, À SON ROI, À SA BELLE »

---

1. **détresse** : désespoir, tristesse extrême.
2. **bouleversant** : émouvant.

LE DÉPART DE MEAULNES

et il affirme que ce chevalier est l'ancêtre d'un vieil officier presque ruiné [1], M. de Galais, qui occupe encore le château avec sa fille.

Ces quelques phrases sont une révélation. Un chemin s'est ouvert : celui du Domaine sans nom. Je sens alors en moi une force incroyable. D'enfant timide et rêveur que j'étais, je deviens déterminé.

« Je retrouverai Mlle de Galais » me dis-je et je décide aussitôt d'aller chez mon oncle Florentin qui habite le Vieux-Nançay.

Quelques jours plus tard, j'interroge mon oncle sur le domaine des Sablonnières ; j'apprends que M. de Galais s'est ruiné à cause de son fils. Après le mariage manqué de Frantz et sa tentative de suicide, il a dû vendre une grande partie du domaine ; sa fille vient assez souvent au Vieux-Nançay chercher elle-même ses provisions. C'est justement dans le magasin de mon oncle que j'ai la chance de rencontrer pour la première fois Yvonne de Galais, aussi belle que Meaulnes me l'a décrite.

1. **ruiné** : sans argent.

ACTIVITÉS

Compréhension orale et écrite

1 Relisez ce chapitre puis répondez aux questions.

1. Quelle décision Augustin prend-il ?
2. Que promet-il à François ?
3. Comment se sent François après le départ d'Augustin ?
4. Comment sont les lettres d'Augustin Meaulnes ?
5. Que fait François pour oublier toute cette histoire ?
6. Qui est Delouche ?
7. De qui parle Delouche ?
8. Qui François rencontre-t-il dans le magasin de son oncle ?

2 Lisez la lettre suivante, rayez ce qui ne correspond pas à l'histoire et corrigez-la.

Cher Augustin

Je m'empresse de répondre à la seule lettre que tu m'aies écrite. Je suis triste de savoir que ta vie à Marseille n'est pas celle que tu désirais. Heureusement, tu n'as pas retrouvé Yvonne de Galais. Qui est donc ce jeune homme que tu rencontres tous les jours ? Je me demande pourquoi la maison indiquée par Frantz est toujours ouverte. Peut-être a-t-elle été vendue ? Peut-être aussi qu'Yvonne de Galais est restée dans notre région et qu'elle n'a pas voulu aller en province cette année. Tu sais bien que je pourrai facilement oublier toutes ces aventures qui nous ont liés.

Je t'en prie, ne m'écris pas.

François

Ciel Ouvert à Nançay

3 Écoutez et complétez le texte avec les mots suivants.

interactif   l'astronomie   instruments
galaxies   secrets   voyage   ciel
constellations   planètes   manipulez

Espace ...., *Ciel Ouvert à Nançay* place .... à la portée de tous et vous ouvre les portes de l'Univers. Des premiers .... d'observation aux sondes spatiales, des étoiles proches aux .... lointaines, la voûte céleste n'aura plus de .... pour vous.

Plus qu'un spectacle, Le Planétarium vous propose un véritable .... dans les étoiles. Confortablement installé dans des fauteuils inclinés vers le .... laissez-vous guider à travers les .... et admirez le ballet des ....

Observez, ..., amusez-vous en apprenant... Ciel Ouvert vous surprendra !

ACTIVITÉS

Grammaire

Valoir et les phrases impersonnelles

Le verbe valoir est irrégulier.

Présent :	je vaux
	tu vaux
	il /elle /on vaut
	nous valons
	vous valez
	ils /elles valent
Futur :	je vaudrai
Passé composé :	j'ai valu

- Il est souvent utilisé dans la forme impersonnelle *Il vaut mieux* (*mieux vaut*) avec l'infinitif ou le subjonctif.

    Il vaut mieux tout oublier. (*Mieux vaut tout oublier*).

    Il vaut mieux qu'il s'en aille.

- Il est aussi utilisé dans l'expression :
  valoir la peine + de + l'infinitif

    Cela vaut la peine d'essayer.

1 **Transformez les phrases selon le modèle.**

Exemple : *On partira demain, c'est mieux.*
    Il vaut mieux *partir demain.* **Mieux vaut** *partir demain.*

1. On terminera nos études à Paris, c'est mieux.
   ....
2. On t'écrira une lettre de Paris, c'est mieux.
   ....

ACTIVITÉS

3. On se retrouvera seul pour réfléchir, c'est mieux.
   ....
4. On oubliera ces aventures, c'est mieux.
   ....
5. On retrouvera Mlle de Galais, c'est mieux.
   ....
6. On ira parler avec l'oncle Florentin, c'est mieux.
   ....
7. On fera une grande fête, c'est mieux.
   ....
8. On répondra à la lettre d'Augustin, c'est mieux.
   ....

2 Transformez les phrases selon le modèle.

Exemple : *Je te conseille de te taire.*
           Il vaut mieux que tu te taises.

1. Je lui conseille de s'en aller.
   ....
2. Je vous conseille de vous lever.
   ....
3. Je te conseille de partir.
   ....
4. Il me conseille de ne pas le suivre.
   ....
5. Elle vous conseille de ne pas l'imiter.
   ....
6. Tu nous conseilles de ne pas l'écouter.
   ....
7. Vous lui conseillez d'organiser une fête.
   ....
8. Nous te conseillons d'oublier cette fille.
   ....

ACTIVITÉS

Enrichissez votre vocabulaire

1 Attribuez à chaque habitation le nom qui convient :
ferme, château, HLM [1], *villa, immeuble.*

....

....

1. **HML** : Habitation à Loyer Modéré.

2 Où habitent-ils ? Associez les personnes à leur habitation.

1. ☐ le châtelain   a. la campagne
2. ☐ le gentilhomme   b. l'abbaye
3. ☐ le curé   c. le château
4. ☐ le fermier   d. la ville
5. ☐ le villageois   e. le presbytère
6. ☐ le citadin   f. la gentilhommière
7. ☐ le campagnard   g. le village
8. ☐ le moine   h. la ferme

ACTIVITÉS

Compréhension et production écrite

DELF 1 **Lisez la lettre puis répondez aux questions.**

En 1906, Alain-Fournier est près de Paris, au lycée Lakanal, où il prépare l'École Normale, pour devenir professeur… Il écrit à sa jeune sœur Isabelle, pensionnaire au lycée de Moulins, où elle se prépare elle aussi à entrer dans une grande école pour devenir professeur.

Lakanal, le 7 février 1906

Ma chère petite Isabelle,

Je suis très heureux et consolé de savoir que tu travailles, parce que moi, je ne travaille plus. Bien entendu, je fais régulièrement les dissertations obligatoires, et je m'acquitte honorablement des compositions, mais ça n'est plus le travail ardent, unique, et comme désespéré de quelqu'un qui a mis son seul espoir dans le succès à l'examen. Cet examen ne me dit rien […] Malgré tout, je suis heureux. J'ai le bonheur de la certitude, le bonheur d'avoir trouvé quelque chose, quelque chose que j'appelle la vie. […] Mon seul remords va à mes parents. Je ne réaliserai pas ce qui était leur idéal et ce pour quoi ils ont donné beaucoup d'argent. J'ai pourtant essayé de leur donner cette joie sans me détourner de ma vie, c'est à dire de préparer l'École Normale en oubliant les vers et le Berry, je trouve que c'est surhumainement impossible.

1. Que signifie l'expression « je ne travaille plus » ?
2. Quelle décision a prise Alain-Fournier ?
3. Pour qui éprouve-t-il des remords ? Pourquoi ?
4. Quels sont les deux éléments qui constituent « la vie » pour Alain-Fournier ?
5. Il ne veut pas devenir professeur : que veut-il faire ?

ACTIVITÉS

DELF 2 Imaginez la réponse d'Isabelle Fournier à son frère.

Vous avez deux possibilités.

a. Elle fait des reproches à son frère : il ne doit pas décevoir les espoirs de leurs parents qui dépensent beaucoup d'argent pour le faire étudier à Paris… Et être professeur est un métier plus sûr que celui de poète.
b. Elle encourage son frère à suivre sa voie : il doit aller au bout de ses passions.

DELF 3 Sur le site d'un journal pour ados, vous avez trouvé ce message. Que répondez-vous à Lydie ?

> Je suis désespérée ! J'ai toujours dit qu'à 16 ans, je voulais arrêter mes études, et entrer en apprentissage pour faire de la création artistique : j'adore la sculpture, et surtout la céramique… Jusque-là, mes parents ne disaient rien, je pensais qu'ils étaient d'accord… Eh bien non… ils veulent que je continue le lycée jusqu'au bac ! Qu'est-ce que je peux faire ? Aidez-moi…
>
> Lydie

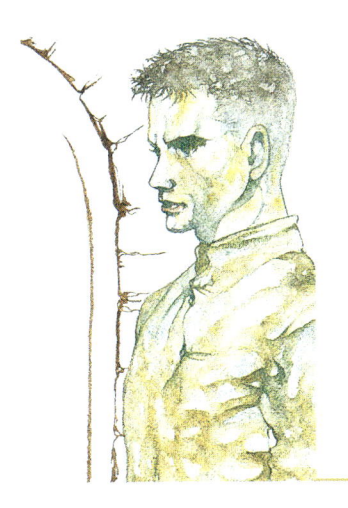

Chapitre 7

LES RETROUVAILLES

Mon oncle Florentin, peut-être pour me faire plaisir, a organisé une partie de campagne [1] et a invité Yvonne de Galais, son père, ainsi qu'Augustin Meaulnes. Je décide aussitôt d'aller à la Ferté-d'Angillon chez mon ami pour lui annoncer la bonne nouvelle.

Le lendemain, quand j'arrive chez Meaulnes, c'est sa mère qui me reçoit ; elle prépare le départ de son fils.

« Vous arrivez à temps, Augustin prend le train de cinq heures. Vous le trouverez en train d'écrire. »

Il n'a pas changé, c'est le même gars au visage osseux, à la tête rasée. Toujours ce même regard loyal.

« Tu pars ? Ce n'est pas pour un long voyage ?

---

1. **partie de campagne** : excursion, pique-nique.

– Si, un très long voyage... »

Il est troublé et silencieux. Puis il se met à parler comme quelqu'un qui veut se justifier.

« Tu sais, quand j'ai compris que tout était fini, j'ai essayé de vivre là-bas à Paris. Mais après avoir connu le paradis dans le Domaine perdu, je ne peux pas me contenter de la vie de tout le monde.

– Enfin, Meaulnes, explique-toi mieux ! Pourquoi ce long voyage ?

– Eh bien, tu te souviens de la promesse faite à Frantz...

– Ah, ce n'est que cela ?

– Oui... et peut-être aussi une faute [1] à réparer... »

Mais je ne résiste plus et je l'interromps :

« Écoute, Augustin, j'ai quelque chose d'important à t'annoncer : j'ai rencontré Yvonne de Galais ! Et mon oncle vous a invités, elle et toi, pour une partie de campagne... »

Mais au lieu de lire la joie dans son regard, je n'y vois que tristesse. Sa réaction est inexplicable, il semble même désemparé [2].

« Je dois vraiment y aller ?

– Mais voyons cela ne se demande pas ! »

---

1. **faute** : erreur.
2. **désemparé** : perdu, désorienté.

LES RETROUVAILLES

Sur la route du Vieux-Nançay, Augustin se montre impatient et soucieux [1]. La vue de Delouche, qui était invité lui aussi, finit de l'exaspérer : « Et voilà celui qui a toujours possédé la clef de tout... ! » L'attente lui est insupportable...

« Et si elle ne venait pas ?
— Elle l'a promis, sois plus patient !
— Je sens qu'elle ne viendra pas, je redescends avec les autres. »

Il s'en va, me laissant seul. Je fais alors quelques pas sur la petite route quand j'aperçois Yvonne de Galais sur son vieux cheval. « Je suis heureuse de vous trouver seul, je ne veux montrer à personne qu'à vous mon vieux Bélisaire... » Mlle de Galais est charmante ; mais elle parle plus vite qu'à l'ordinaire et sa pâleur trahit un grand trouble. On lui présente les jeunes filles et les jeunes gens qu'elle ne connaît pas. Puis elle aperçoit mon ami : « Je reconnais Augustin Meaulnes. » dit-elle en lui tendant la main.

---

1. **soucieux** : préoccupé.

LE GRAND MEAULNES

C'est vers la fin de la soirée seulement que les deux jeunes gens, enfin seuls, peuvent se parler. Étrangement Meaulnes insiste dans l'évocation de la fête au domaine des Sablonnières et chaque fois, Mlle de Galais répond rapidement, un peu gênée [1] par ces questions. Puis finalement elle dit à Augustin : « Vous ne reverrez pas le beau château de la fête. Tout est perdu, Frantz a fait des dettes, mon père est ruiné, nous sommes devenus pauvres... Madame de Galais est morte. »

J'essaie vainement de faire diversion à la tristesse qui nous envahit ; Meaulnes s'obstine pourtant à poser d'autres questions sur le Domaine et la fête, et chaque fois la jeune fille, au supplice, lui répète que tout a disparu. Meaulnes s'éloigne [2] alors tristement. « Il est malheureux, me dit-elle, et je ne peux rien faire pour lui. »

Triste soirée. Au retour, dans notre voiture, Meaulnes est bouleversé. Soudain une montée de larmes envahit son visage.

« Arrêtez, voulez-vous ? dit-il à mon oncle. Je reviendrai tout seul à pied. »

Il saute à terre et se met à courir. C'est ce soir-là, avec des sanglots [3], qu'il demande en mariage Mlle de Galais.

1. **gêné** : embarrassé.
2. **s'éloigne** : s'en va, part.
3. **avec des sanglots** : en pleurant.

ACTIVITÉS

Compréhension orale

DELF 1 Retrouvez l'ordre des actions puis écrivez un résumé de ce chapitre. N'oubliez pas les connecteurs !

a. ☐ Le jour de la partie de campagne, Augustin est préoccupé et nerveux.
b. ☐ François va chez Augustin pour lui demander de participer à la partie de campagne organisée par son oncle.
c. ☐ Il se décide enfin à demander Mlle de Galais en mariage.
d. ☐ Yvonne de Galais reconnaît Augustin Meaulnes.
e. ☐ À la fin de la journée, Augustin semble encore plus malheureux.
f. ☐ Augustin s'obstine à parler de la fête et du Domaine mystérieux.
g. ☐ Yvonne de Galais arrive avec son vieux cheval, Bélisaire.
h. ☐ L'oncle de François organise une partie de campagne où il invite Augustin et Yvonne de Galais.
i. ☐ Yvonne annonce à Augustin qu'elle est ruinée et que sa mère est morte.
j. ☐ Augustin semble triste quand il apprend qu'il pourra rencontrer Yvonne.

DELF 2 L'état d'âme des personnages. Cochez les réponses exactes.

1. Augustin est
   ☐ gai.
   ☐ inquiet.
   ☐ heureux.
   ☐ impatient.
   ☐ triste.
   ☐ désespéré.
   ☐ rêveur.
   ☐ tendu.

ACTIVITÉS

2. François est
   - [ ] inquiet pour son ami.
   - [ ] heureux pour son ami.
   - [ ] gêné de parler à Yvonne.

3. Yvonne de Galais est
   - [ ] énervée par les questions d'Augustin.
   - [ ] gênée par les questions d'Augustin.
   - [ ] tendue en voyant qu'Augustin insiste sur le Domaine mystérieux.
   - [ ] inquiète de retrouver Augustin.
   - [ ] triste en voyant le désespoir d'Augustin.
   - [ ] honteuse de montrer sa pauvreté.

Au revoir, les enfants

3 Écoutez et cochez la bonne case.

*Film français de Louis Malle.
Pendant la Deuxième Guerre mondiale,
la vie d'un groupe de garçons
dans un collège religieux est brusquement bouleversée
par l'irruption des nazis.*

ACTIVITÉS

1. C'est la rentrée des classes
   - [ ] 1943.
   - [ ] 1953.
   - [ ] 1963.
2. Julien Quentin arrive
   - [ ] à la gare Saint-Jean-de-la-Croix.
   - [ ] au lycée Saint-Jean-de-la-Croix.
   - [ ] au collège Saint-Jean-de-la-Croix.
3. Cet établissement scolaire est
   - [ ] une pension.
   - [ ] un pensionnat.
   - [ ] un pensionnaire.
4. Le jeune élève qui vient s'ajouter à la communauté s'appelle
   - [ ] Jean Dubonnet.
   - [ ] Jean Bonnet.
   - [ ] Jean Lebonnet.
5. C'est un élève qui
   - [ ] n'est pas doué.
   - [ ] est surdoué.
   - [ ] est sourd.
6. Il est de religion
   - [ ] juive.
   - [ ] protestante.
   - [ ] catholique.
7. Les deux garçons deviennent
   - [ ] ennemis.
   - [ ] amis.
   - [ ] adversaires.

Grammaire

La mise en relief

Pour mettre en relief certains mots on utilise la construction :
   C'est / ce sont + le substantif + *qui /que / où / dont*
(pronoms relatifs) ou + *que* (conjonction)

   C'est le gars **que** j'aperçois dans la cour. (*que*, pronom relatif)

   C'est ce soir-là **qu'**il demande en mariage Mlle de Galais. (*que*, conjonction)

ACTIVITÉS

1 Transformez les phrases suivantes en utilisant la mise en relief pour les mots soulignés.

Exemple : <u>Mon oncle Florentin</u> a tout organisé.
C'est mon oncle Florentin qui a tout organisé.

1. Je décide d'aller <u>chez mon ami</u> pour lui annoncer la bonne nouvelle.
   ....
2. <u>La mère d'Augustin</u> me reconnaît la première.
   ....
3. Augustin part pour Paris <u>avec le train de cinq heures</u>.
   ....
4. <u>Au Domaine perdu</u>, j'ai connu le paradis.
   ....
5. <u>Mon oncle Florentin</u> t'invite pour une partie de campagne.
   ....
6. <u>Sa réaction</u> m'étonne.
   ....
7. <u>Delouche</u> a toujours possédé la clef de tout le mystère.
   ....
8. <u>Sur la route</u>, j'aperçois Yvonne de Galais.
   ....

2 Construisez des phrases s'inspirant de ce chapitre en utilisant la mise en relief comme dans l'exemple.

Exemple : *Voilà le Vieux-Nançay.*
C'est le village où habite l'oncle de François.

1. Voilà Bélisaire ....
2. Voilà le château mystérieux ....
3. Voilà Augustin Meaulnes ....
4. Voilà la mère d'Augustin ....

ACTIVITÉS

5. Voilà François Seurel ....
6. Voilà Frantz Galais ....
7. Voilà Delouche ....
8. Voilà l'aventure ....

Enrichissez votre vocabulaire

1 La vie des hommes est marquée par des événements : si vous trouvez les éléments de ces charades, vous les découvrirez.

1. Mon premier est le contraire de haut.
2. Mon second ne parle pas.
3. Mon troisième est un pronom personnel première personne du singulier.
4. **Mon tout se célèbre à l'église avec un parrain, une marraine et un bébé !**

1. Mon premier a 365 jours.
2. Mon deuxième est la planète sur laquelle on vit.
3. Mon troisième ne dit pas la vérité.
4. **Mon tout a lieu au cimetière.**

1. Mon premier signifie qu'il vient au monde.
2. Mon second peut être l'ouïe, la vue, le toucher, le goût ou l'odorat.
3. **Mon tout est un heureux événement.**

ACTIVITÉS

2 Mots croisés

Horizontalement

1. Épouser.
2. Venir au monde.
3. Se séparer définitivement pour un mari et une femme.
4. Mettre en terre.

Verticalement

1. Promettre en mariage.
2. Dans la religion chrétienne, laver du péché originel.
3. Partir dans l'au-delà, au paradis, au purgatoire ou en enfer !

3 Complétez cette première strophe de la chanson de Georges Brassens avec les mots suivants : *se marier, notaires, gens, mariage, mariage, terre.*

La Marche Nuptiale

.... d'amour, ... d'argent
J'ai vu .... toutes sortes de ....
Des gens de basse source et des grands de la ....
Des prétendus coiffeurs, des soi-disant ....

ACTIVITÉS

Projet Internet ▶▶▶▶

À l'aide d'un moteur de recherche, trouvez les sites consacrés au *Grand Meaulnes* et connectez-vous.

1. **Ouvrez les pages sur la biographie d'Alain-Fournier et trouvez les informations suivantes.**
   - À quelle occasion a-t-il rencontré la jeune fille qui lui a inspiré le personnage de Yvonne de Galais ?
   - Quel a été le destin de cette jeune fille ?
   - Après ce premier amour, a-t-il connu d'autres aventures ? Avec qui ?
   - Quel est le titre du roman auquel il travaillait quand il est mort ?
   - Qui sont Jacques et Alain Rivière ?
   - Dans quel pays étranger Alain-Fournier a-t-il séjourné en 1905 ?

2. **En cliquant sur les liens disponibles, visitez les sites où l'on peut retrouver des informations sur les lieux qui ont inspiré Alain-Fournier pour écrire *Le Grand Meaulnes*. Puis répondez aux questions.**
   - Quelle est la signification du nom Épineuil-le-Fleuriel ?
   - Comment est la façade de la maison natale de l'écrivain ? Faites-en une description.

3. **Revenez au site consacré au *Grand-Meaulnes* et feuilletez l'album de photos.**
   - D'où et quand Alain-Fournier a-t-il écrit la dernière lettre à sa sœur ?

4. **Entrez maintenant dans le forum des Amis du Grand Meaulnes : lisez quelques messages et si vous avez une curiosité, si vous désirez poser une question envoyez un message et attendez la réponse.**

Chapitre 8

L'APPEL DE FRANTZ

Le mariage a lieu, après cinq mois de fiançailles, dans l'ancienne chapelle des Sablonnières. Meaulnes semble avoir oublié son tourment, mais le jour même de la noce, dans l'après-midi, alors que tout le monde est reparti et que les deux époux sont dans leur maison, on entend un étrange cri : « HOU-OU », un appel sur deux notes que je reconnais aussitôt, c'est le signal de Frantz...

Je marche dans la direction du cri et trouve le jeune homme : « Frantz ! Que faites-vous ici ? Pourquoi venir troubler ceux qui sont heureux ? »

« Mais je suis malheureux, moi, je suis malheureux..., dit-il en pleurant. Meaulnes m'a oublié ! Pourquoi n'a-t-il pas répondu à mon appel ! Lui seul peut me sauver. Yvonne le laissera partir... Elle ne m'a jamais rien refusé. »

L'APPEL DE FRANTZ

Je suis irrité devant tant d'égoïsme et de puérilité, mais en même temps son désespoir si profond me touche, et je l'invite alors à revenir ici dans un an exactement, à cette même heure, pour y retrouver la jeune fille qu'il aime.

Je me promets de rechercher moi-même la jeune fille pour ne pas troubler la vie des deux jeunes mariés.

Mais quelques instants plus tard, Augustin s'approche de moi, il est nerveux et agité :

« Où est-il ? Je dois lui parler, lui expliquer, moi seul je peux le sauver...

— Augustin, pour une promesse enfantine, tu es en train de détruire ton bonheur.

— Ah, ce n'est pas qu'une promesse... »

Je comprends à ces mots que quelque chose d'autre lie les deux jeunes hommes. Deux ou trois jours après, Yvonne de Galais m'annonce que Meaulnes est parti à la recherche de la fiancée de Frantz.

Une amitié, forte et sincère, naît entre nous. Elle ne me parle jamais de sa peine et me pose beaucoup de questions sur notre vie à Sainte-Agathe. Des semaines et des mois passent ; d'Augustin, nous n'avons aucune nouvelle...

Un jour, Yvonne de Galais m'annonce qu'elle va être mère...

« Vous devez être heureuse, lui dis-je.

— Oui, bien heureuse, répond-elle.

— Meaulnes est stupide de manquer tout cela. Il ne vous a jamais écrit ?

— Jamais. »

LE GRAND MEAULNES

Un samedi soir vers cinq heures, Yvonne a les premières douleurs mais l'accouchement [1] se passe mal et ma jeune amie, affaiblie, meurt le lendemain. Plus forte, sa petite fille lui survivra.

Peu de temps après, le père d'Yvonne tombe malade et meurt lui aussi.

Comme je suis le tuteur de l'enfant jusqu'au retour de Meaulnes, je m'installe aux Sablonnières, dans cette demeure pleine de tristes souvenirs. L'enfant d'Yvonne est mon seul réconfort.

Je suis instituteur à Saint Benoît où je me rends à pied chaque jour pour faire la classe ; je rentre le soir aussitôt après l'étude [2]. Dans cette grande maison silencieuse, j'espère trouver des indices qui m'éclaireront sur le comportement de Meaulnes et sur sa disparition. Et c'est ainsi qu'un jour de

---

1. **accouchement** : moment de la naissance de l'enfant.
2. **étude** : ici, moment où les élèves font leurs devoirs après les cours.

L'APPEL DE FRANTZ

congé, en fouillant dans une vieille malle [1], je trouve des objets de l'époque de Sainte-Agathe : des livres, des carnets... Tout à coup, je reconnais l'écriture du Grand Meaulnes sur un cahier un peu jauni. Je commence à le feuilleter : ce sont des réflexions, une sorte de journal intime... Je découvre enfin le terrible secret qui a tourmenté mon ami et qui l'a poussé à partir.

Augustin raconte qu'il a commencé à fréquenter la jeune fille vêtue de noir qu'il a connue à Paris, devant la maison d'Yvonne de Galais. Le désespoir et l'amitié les réunissent. Ils font des projets de mariage. Mais un jour, il apprend que cette jeune fille, Valentine, n'est autre que la fiancée perdue de Frantz. Fou de remords, il l'abandonne.

Je comprends maintenant pourquoi, quelques mois plus tard, l'appel de Frantz a réveillé en lui la promesse faite et l'a poussé à partir à la recherche de Valentine et de Frantz pour les réunir enfin.

---

1. **malle** : gros coffre en bois.

LE GRAND MEAULNES

Le temps passe et ma seule joie est la petite fille d'Yvonne. Par un beau matin de septembre, un homme grand et barbu entre dans la cour. Après quelques secondes, je reconnais mon ami Meaulnes... Je l'embrasse en pleurant.

« Elle est morte, n'est-ce pas ? » me demande-t-il. Il reste debout, immobile et terrible. Alors je le prends doucement par le bras et je le conduis dans la chambre de l'enfant.

« Voici ta fille » dis-je. Il a un sursaut et me regarde. Puis il la prend, la serre dans ses bras et se met à pleurer...

Il tourne enfin la tête vers moi et me dit : « Je les ai ramenés, les deux autres... »

Moi, en voyant Meaulnes et sa fille, je ne peux m'empêcher d'imaginer qu'ils partiront un jour, tous les deux, pour une nouvelle existence.

A C T I V I T É S

Compréhension orale et écrite

DELF 1 Écoutez ce chapitre et cochez la bonne case.

1. Le mariage a lieu
   - [ ] tout de suite après la déclaration d'Augustin.
   - [ ] après quelques mois de fiançailles.
   - [ ] après quelques années de fiançailles.

2. Le jour même du mariage, François entend
   - [ ] le signal de Frantz.
   - [ ] le signal d'Augustin.
   - [ ] le signal de Delouche.

3. À ce signal, François est
   - [ ] irrité et inquiet.
   - [ ] irrité mais touché par le désespoir de son ami.
   - [ ] irrité mais content de revoir son ami.

4. Quelques jours plus tard, Augustin
   - [ ] décide de partir à la recherche de la fiancée de Frantz.
   - [ ] décide de rester pour rencontrer la fiancée de Frantz.
   - [ ] décide de partir à la recherche de Frantz.

5. Plus tard, Yvonne de Galais annonce à François
   - [ ] qu'elle attend son mari.
   - [ ] qu'elle attend la venue de Frantz.
   - [ ] qu'elle attend un enfant.

6. Yvonne de Galais meurt
   - [ ] après une longue maladie.
   - [ ] après l'accouchement.
   - [ ] après le décès de son père.

ACTIVITÉS

7. François devient

☐ instituteur.

☐ professeur.

☐ avocat.

8. Il retrouve un cahier d'Augustin contenant

☐ une très belle histoire d'amour.

☐ tous les devoirs de vacances d'Augustin.

☐ le secret d'Augustin.

9. Augustin avait décidé de se marier avec

☐ Valentine, l'ex-fiancée de François.

☐ Valentine, l'ex-fiancée de Frantz.

☐ Valentine, son ex-fiancée.

10. Meaulnes revient et

☐ emmène sa fille avec lui.

☐ laisse sa fille à François.

☐ laisse sa fille à Frantz.

2 **Relisez le chapitre et complétez le texte.**

Frantz est très .... mais François ne supporte pas son .... et sa .... Augustin, lui, est ....
et décide de partir. C'est ainsi que naît une .... amitié
entre François et Yvonne. Cette dernière a beaucoup de
.... mais est .... d'être enceinte. Lorsque
Yvonne meurt en couche, son enfant devient le seul ....
de François. François en cherchant dans la grande maison finit
par découvrir le .... secret de son ami Meaulnes.

ACTIVITÉS

Les Quatre Cents Coups

3 Écoutez le texte et rayez les mots inutiles.

*Film français de François Truffaut.
Gauche et maladroit, Antoine Doinel incarne les difficultés
d'intégration dans une société qui le repousse.*

Renvoyé **du collège – du lycée** à **onze – douze** ans, Antoine Doinel poursuit ses **études – devoirs** dans un cours complémentaire. Mais il n'est pas beaucoup aimé de son **professeur – proviseur**, de sa mère ni de son beau-père. Après une punition, il fait **l'école – la colle** buissonnière avec son ami René. Mais il **rentre – revient** à la maison. À la suite d'un **devoir – cours** qui n'a pas plu à son **proviseur – professeur**, il **s'en va – s'enfuit** à nouveau. Pour vivre, il **dérobe – vole** et se retrouve devant le **juge – jury**. Antoine est alors envoyé dans un centre d'observation de **majeurs – mineurs** délinquants situé en pleine **campagne – champagne**.

ACTIVITÉS

Grammaire

Les pronoms personnels et les verbes suivis d'un infinitif

- Les pronoms personnels sont toujours placés devant les verbes auxquels ils se réfèrent (sauf à l'impératif affirmatif).

    *Je **te** pose une question. Réponds-**moi** !*

- Souvent, certains verbes comme *vouloir, pouvoir, savoir, venir, aller...* introduisent un autre verbe à l'infinitif. Le pronom personnel complément se place entre le verbe conjugué et l'infinitif dont il est le complément.

    *Il veut **te** parler.* (*te* est complément du verbe parler)

    *Lui seul peut **me** sauver* (*me* est complément du verbe sauver)

- Avec les verbes de perception *regarder, entendre, sentir, voir...* et les verbes *faire* et *laisser* suivis de l'infinitif, le pronom personnel se place devant ces verbes.

    *Vous **les** entendez crier.* (*les* est complément de entendre crier)

    *Yvonne **le** laissera partir.* (*le* est complément de laisser partir)

- Dans les infinitives, les pronoms qui se rapportent au verbe sont toujours placés devant ces derniers.

    *Il l'invite à revenir au même endroit pour **y** retrouver la femme qu'il aime.* (*y* est complément de lieu du verbe retrouver)

1 Relevez dans ce dernier chapitre tous les verbes à l'infinitif précédés d'un pronom.

ACTIVITÉS

2 **Remplacez les mots soulignés par des pronoms (attention à leur place !)**

1. Meaulnes semble avoir oublié <u>son tourment</u>.
   ....
2. J'invite <u>Frantz</u> à revenir dans un an.
   ....
3. Je dois parler <u>à Frantz</u>.
   ....
4. Augustin peut sauver <u>Frantz</u>.
   ....
5. Yvonne ne veut pas dire sa détresse ni sa peine <u>à François</u>.
   ....
6. C'est la maison que M. de Galais a fait construire <u>à Frantz</u>.
   ....
7. Il espère trouver <u>des indices justifiant sa disparition</u>.
   ....
8. C'est le remords qui a poussé <u>Augustin</u> à fuir.
   ....
9. Il a décidé d'épouser <u>Valentine</u>.
   ....
10. Il va prendre <u>sa fille</u> dans les bras.
    ....

Compréhension écrite

DELF 1 **Lisez ce document et cochez les affirmations exactes.**

Alain-Fournier est l'auteur d'un unique roman, publié le 6 novembre 1913. Dès sa sortie, *Le Grand Meaulnes* suscite l'enthousiasme des critiques, et surtout du public. Moins d'un an plus tard, en août 1914, le lieutenant Alain-Fournier rejoint son régiment, dans l'est de la France. Le 22 septembre, il part en reconnaissance dans les bois, dans le département de la

ACTIVITÉS

Meuse. Sa compagnie tombe dans une embuscade. Avec ses vingt compagnons, il est tué, dans le bois de Saint-Rémy.

En 1991, on retrouve la fosse commune, où le lieutenant Fournier avait été enterré à la hâte avec ses compagnons par les Allemands. Ces corps reposent maintenant dans la nécropole nationale de Saint-Rémy-la-Calonne (Meuse).

L'unique roman de cet auteur, un des premiers morts de la Première Guerre mondiale, avait enthousiasmé ses contemporains : « roman neuf et délicieux », livre qui est « toute grâce, toute jeunesse », « chef-d'œuvre d'une sensibilité délicate », qui ne peut avoir été écrit que par un homme « encore près de ses 18 ans, pour avoir la plume si tendre et si légère ».

Aujourd'hui, l'enthousiasme ne s'est pas éteint, puisque *Le Grand Meaulnes* est encore un des romans les plus lus en France, ce que l'on appelle un « livre culte ».

1. ☐ Dès sa sortie, *Le Grand Meaulnes* a connu un grand succès.
2. ☐ Les critiques avaient souligné la maturité de l'auteur du *Grand Meaulnes*.
3. ☐ Alain-Fournier avait le grade de colonel.
4. ☐ Il a été tué au tout début de la Première Guerre mondiale.
5. ☐ Il a été tué pendant une attaque à un poste allemand.
6. ☐ On n'a jamais retrouvé le corps d'Alain-Fournier.
7. ☐ *Le Grand Meaulnes* est l'un des romans les plus aimés de la littérature française.

Production écrite

DELF 1 Vous venez de terminer la lecture du *Grand Meaulnes*. Vous écrivez à un ami pour lui conseiller, ou lui déconseiller ce livre… Vous dites ce que vous avez aimé (ou non) dans cette histoire.

Test final

1. Quel est le métier des parents de François Seurel ?
2. Où allait Meaulnes quand il s'est perdu ?
3. Pourquoi quelqu'un doit aller à la gare de Vierzon ?
4. Quelle fête doit-être célébrée dans le château mystérieux ?
5. Comment s'appelle la jeune fille rencontrée par Meaulnes ? Qui est-elle ?
6. Comment s'appelle son frère ?
7. Pourquoi le mariage n'a-t-il pas lieu ?
8. Que veut faire Meaulnes pour retrouver le domaine enchanté ?
9. Qui est en réalité le bohémien qui arrive dans le village ? Que lui promet Meaulnes ?
10. Pourquoi Meaulnes part-il à Paris ?
11. Que découvre François pendant que Meaulnes est à Paris ?
12. À quelle occasion Meaulnes et Yvonne se retrouvent-ils ?
13. Quels changements se sont produits dans la vie d'Yvonne de Galais?
14. Pourquoi Meaulnes part-il peu de jours après son mariage ?
15. Que se passe-t-il pendant son absence ?
16. Quelles nouveautés trouve-t-il à son retour ?
17. Que prévoit François pour l'avenir ?

Tableau de correspondance
Cadre européen – DELF